PENSÉES
PHILOSOPHIQUES.

VERITAS OMNIA VINCIT

PENSÉES
PHILOSOPHIQUES,

EN FRANÇOIS ET EN ITALIEN,

Auxquelles on a ajouté un Entretien d'un Philosophe avec M^de. LA DUCHESSE DE ***.

Ouvrage Posthume de

THOMAS CRUDELI,

En Italien & en François, par le même Auteur.

Piscis hic non est omnium.

LONDRES,

MDCCLXXVII.

PENSÉES

PHILOSOPHIQUES.

A

PENSIERI

FILOSOFICI.

Quis leget hæc?

Pers. Sat. I.

Scrivo fopra Dio, non mi lufingo di effere letto da molti, mi contento del fuffragio di pochi. Se quefti penfieri non anno la forte di piacere a Veruno, potranno per avventura effere cattivi, ma fe piacciono univerfalmente per me gli rifguarderò per deteftevoli.

I.

Declamafi a tutte l'ore contro le paffioni, ad effe tutti i guai dell'uomo imputati vengono, nè ricordafi effere elleno eziandio la forgente d'ogni fuo diletto. Nella coftituzione dell'uomo fono le paffioni un elemento, del quale dicafene quanto bene o quanto male volete, più ne verrà in bocca da dire. Ma ciò che mi mette di mal umore, fi è che non vengano mai rimirate pel dritto lor verfo. Si crederebbe preguidicare alla ragione profferendo una parola a favor delle fue rivali, eppure le paffioni, anzi le gagliarde paf-

PENSÉES

PHILOSOPHIQUES.

Quis leget hæc?

Per. Sat. I.

*J'écris de Dieu. Je compte sur peu de lec-
teurs, & n'aspire qu'à quelques suffra-
ges. Si ces pensées ne plaisent à personne, elles pourront n'être que mauvaises ;
mais je les tiens pour detestables si elles
plaisent à tout le monde.*

I.

ON déclame sans fin contre les passions :
on leur impute toutes les peines de l'homme, & l'on oublie qu'elles sont aussi la
source de tous ses plaisirs. C'est dans sa con-
stitution un élément dont on ne peut dire ni
trop de bien ni trop de mal. Mais ce qui me
donne de l'humeur, c'est qu'on ne les regarde jamais que du mauvais côté. On
croiroit faire injure à la raison si l'on disoit
un mot en faveur de ses rivales. Cependant il n'y a que les passions, & les grandes passions, qui puissent élever l'ame aux

fioni fol tanto, vagliono ad innalzare l'anima ed a fpronarla alle nobili operazioni. Tolte le paffioni, tolto anche farà il fublime, o fia ne' coftumi, o fia nelle opere; torneranno nella lor imbecillità primiera le arti, la virtù riuscirà fcrupolofa e minuta.

II.

Le paffioni temperate formano gli uomini comunali. Se trattandofi della falvezza della mia patria, mi fermo afpettando il nemico, io non feno fe non un cittadino ordinario. Se ritrovandofi a manifefto e vicino pericolo il mio amico, non mi rimango dal tener l'occhio follecitamente aperto fopra quel rifchio che mi fovrafta. non è la mia fuorchè una guardinga e rifpettofa amicizia; tengo io più cara la mia vita di quella della mia amica? non fono che un amante volgare.

III.

Le paffioni ammortite deprimono ed avvilifcono gli uomini ftraordinarj La foggezione foverchia diftrugge ed annichila la potenza e l'energia della natura Vedete là quell'albero, fe non foffero luffureggianti i fuoi rami, farebbe egli per porgervi

grandes chofes. Sans elles plus de fublime, foit dans les mœurs, foit dans les ouvrages; les beaux arts retournent en enfance, & la vertu devient minutieufe.

II.

Les paffions fobres font les hommes communs. Si j'attends l'ennemi quand il s'agit du falut de ma patrie, je ne fuis qu'un citoyen ordinaire. Mon amitié n'eft que circonfpecte, fi le péril d'un ami me laiffe les yeux ouverts fur le mien. La vie m'eft-elle plus chere que ma maîtreffe? je ne fuis qu'un amant comme un autre.

III.

Les paffions amorties dégradent les hommes extraordinaires. La contrainte anéantit la grandeur & l'énergie de la nature. Voyez cet arbre; c'eft au luxe de fes branches que vous devez la fraîcheur & l'étendue de fes ombres: vous en jouirez jufqu'à

quell'ombre dilatate, quella frescura piacevole? ne godrete sin tanto che da'rigori vernali della sua chioma spogliato venga. Non fate già conto di rinvenire l'eccellenza nella poesia, nella Pittura, nella Musica, tostochè la superstizione avrà operato sulla natura dell'uomo quel cambiamento che operar suole la vecchiezza.

IV.

Felice adunque, dirammi taluno, colui a chi toccherà in sorte lo avere le passioni gagliarde? Certo che sì, purchè se le tenga tutte a tuono. Si stabilisca tra esse una ben intesa armonia, non avrete più a dubitare che ne seguan sconcerti. Se la speranza non è soverchiata dal timore, il puntiglio dell'onore dall'amor della vita, la propensione al senso dallo zelo della salute, più non vedrete nè dissoluti, nè temerarj, nè dappochi.

V.

Il colmo della pazzia sarebbe il voler affaticarsi intorno alla distruzione delle passioni, bel disegno davvero quello di un divoto, il quale tormenterebbesi da forsennato per

ce que l'hyver vienne le dépouiller de fa chevelure. Plus d'excellence en Poëfie, en Peinture, en Mufique, lorfque la fuperftition aura fait fur le tempérament l'ouvrage de la vieilleffe.

IV.

Ce feroit donc un bonheur, me dira-t-on, d'avoir les paffions fortes. Oui, fans doute, fi toutes font à l'uniffon. Etabliffez entre elles une jufte harmonie; & n'en appréhendez point de défordres. Si l'efpérance eft balancée par la crainte, le point d'honneur par l'amour de la vie, le penchant au plaifir par l'intérêt de la fanté; vous ne verrez ni libertins, ni téméraires, ni lâches.

V.

C'eft le comble de la folie que de fe propofer la ruine des paffions. Le beau projet que celui d'un dévot qui fe tourmente comme un forcené pour ne rien

condursi a tale che non amasse nulla, niente
bramasse, e diventasse del tutto insensibile a
qualsivoglia appetito. Al certo costui riu-
scirebbe un vero mostro se gli venisse fatto
di conseguire il desiderato fine.

VI.

Potrei io quel ch'apprezzo in un uomo,
quello disprezzar in un altro? certo no, il
vero che non soggiace a'miei capricci, esser
dee la norma delle mie decisioni, nè riputerò
delitto in questo, ciò che in quello ammiro
come virtù. Darommi ad intendere io che
sol tanto ad alcuni pochi fu conceduto il
metter in pratica atti di perfezione. i quali
anno a tutti indistintamente ad esser pres-
critti dalla natura e dalla religione? Niente
affatto: qual sarebbe la cagione dell' esclu-
sivo lor privilegio? Se operò virtuosamente
Pacomio col fuggire ogni umano consorzio,
e coll' intanarsi in un deserto, perchè sareb-
bemi vietato l'andare sulle sue tracce? Con-
formandomi al viver suo, sarò virtuoso
quant' esso, e se mal non m'appongo, la
pretensione di cento altri non farà men fon-
data della mia. Eppure bella cosa sarebbe
il vedere gli abitatori di una intera pro-
vincia spaventati da' pericoli della società,

défirer, ne rien aimer, ne rien fentir, &
qui finiroit par devenir un vrai monftre
s'il réuffiffoit!

VI.

Ce qui fait l'objet de mon eftime dans
un homme, pourroit-il être l'objet de
mes mépris dans un autre? non fans doute: le vrai, indépendant de mes caprices,
doit être la regle de mes jugemens; & je
ne ferai point un crime à celui-ci de ce
que j'admirerai dans celui-là comme une
vertu. Croirai-je qu'il étoit réfervé à
quelques-uns de pratiquer des actes de
perfection que la nature & la religion doi-
vent ordonner indifféremment à tous? encore moins. Car d'où leur viendroit ce
privilege exclufif? Si Pacôme a bien fait
de rompre avec le genre humain pour
s'enterrer dans une folitude, il ne m'eft
pas défendu de l'imiter; en l'imitant je
ferai tout auffi vertueux que lui; & je ne
devine pas pourquoi cent autres n'auroient
pas le même droit que moi. Cependant
il feroit beau voir une province entiere, ef-
frayée des dangers de la fociété, fe dif-

andare spargendosi per le selve far vita da
beftie falvatiche per fantificarfi bella cofa
il vedere mille colonne erette fopra le rovine
di tutte le affezioni della focietà; un popol
nuovo di ftiliti fpogliarfi di qualunque affetto
della natura per eccesso di religione, lafciar
di effere uomini e trasformarfi in altrettante
ftatue per riufcir veri criftiani.

VII.

Che voci! che grida! che gemiti! chi
mai rinchiufe in quefti camerotti tutti quefti
queruli carcami? di qual grave delitto colpevoli fono quefti sfortunati? Gli uni il
petto picchianfi co' felci, gli altri fcarni-
ficanfi per tutta la perfona con uncini di
ferro, ed in tutti vedonfi il pianto, il do-
lore e la morte effigiati nel vifo Chi gli
condannò a fì fatti tormenti?..... il Dio
ch'anno offefo..... Chi è adunque quefto
Iddio?.... un Dio pieno di bontà....
poffibile ch'un Dio pieno di bontà fi rechi a
diletto il vedere fcorrere a rivi le lagrime?
il dimoftrare quefti terrori non è egli far
ingiuria alla fua clemenza? Se a' rei toc-
caffe di aver a placare la ftizza d'un ti-
ranno cofa farebbono effi di più?

perſer dans les forêts, ſes habitans vivre en
bêtes farouches pour ſe ſanctifier, mille co-
lonnes élevées ſur les ruines de toutes af-
fections ſociales, un nouveau peuple de
ſtylites ſe dépouiller par religion des ſen-
timens de la nature, ceſſer d'être hommes
& faire les ſtatues pour être vrais chrétiens.

VII.

Quelles voix! quels cris! quels gémiſ-
ſemens! qui a renfermé dans ces cachots
ces cadavres plaintifs? quels crimes ont
commis tous ces malheureux? Les uns ſe
frappent la poitrine avec des cailloux ;
d'autres ſe déchirent le corps avec des on-
gles de fer; tous ont les regrets, la dou-
leur & la mort dans les yeux. Qui les
condamne à ces tourments? ..... *le Dieu
qu'ils ont offenſé.....* Quel eſt donc ce
Dieu?.... *un Dieu plein de bonté....* Un
Dieu plein de bonté trouveroit-il du plai-
ſir à ſe baigner dans les larmes? les fra-
yeurs ne feroient-elles pas injure à ſa
clémence? Si des criminels avoient à cal-
mer les fureurs d'un tyran, que feroient-
ils de plus?

VIII.

Alcuni sono di cui non si ha da dire, essi anno il timore di Dio, ma bensì anno paura di Dio.

IX.

Dalla descrizione fattami dell' Ente Supremo; dalla sua inclinazione alla collera; dall' asprezza delle sue vendette da certi confronti che ci manifestano la numeral proporzione di quegli ch'egli lascia perire, e di coloro a cui si compiace porgere una benigna mano, un' anima, e siasi quanto più vogliate pura e retta, sarà poco meno che indotta a desiderare ch'egli non esista. Starebbesi l'uomo quieto sufficientemente in questo mondo, se fosse persuaso pienamente non essere cosa alcuna da temere nell'altro, il pensare che non vi sia un Dio non ha mai spaventato chicchessia, ma bensì il pensare che vene sia uno qual è quello che ci vien dipinto.

X.

Non si vuole rappresentarsi Dio nè troppo buono ne cattivo. La giustizia tiene il mezzo tra l'eccessiva clemenza e la crudeltà

VIII.

Il y a des gens dont il ne faut pas dire qu'ils craignent Dieu, mais bien qu'ils en ont peur.

IX.

Sur le portrait qu'on me fait de l'Etre suprême, sur son penchant à la colere, sur la rigueur de ses vengeances, sur certaines comparaisons qui nous expriment en nombres le rapport de ceux qu'il laisse périr à ceux à qui il daigne tendre la main, l'ame la plus droite seroit tentée de souhaiter qu'il n'existât pas. L'on seroit assez tranquille en ce monde, si l'on étoit bien assuré que l'on n'a rien à craindre dans l'autre : la pensée qu'il n'y a point de Dieu n'a jamais effrayé personne, mais bien celle qu'il y en a un tel que celui qu'on me peint.

X.

Il ne faut imaginer Dieu ni trop bon, ni méchant. La justice est entre l'excès de la clémence & la cruauté, ainsi que les

soverchia, non altrimenti che le pene limitate stansi di mezzo fra l'impunitade e le pene eterne.

XI.

A me è noto le malinconiche idee della superstizione incontrare generalmente più approvatori che seguaci; so darsi alcuni divoti, i quali non giudicano necessario portar a se odio mortale per amar Iddio, nè di vivere da disperato per essere religioso: la lor divozione è lieta; la savia loro condotta è umanissima. Ma d'onde procede questa contrarietà di sentimenti fra persone che stansi prostrate innanzi gli altari medesimi? La pietà riceverebbe anch'essa forse la legge dal maladetto temperamento? oimè! e chi potrebbe negarlo? la sua influenza si fa palese pur troppo nello stesso divoto. Egli vede, secondo vien commosso, un Dio vendicatore o pietoso; l'inferno o il cielo spalancato; glisi gela il sangue nelle vene per lo spavento, o egli arde e si strugge d'amore; questa è una febbre che ora torna fredda, or calda.

peines finies font entre l'impunité & les
peines éternelles.

XI.

Je fais que les idées fombres de la fuperftition font plus généralement aprouvées
que fuivies ; qu'il eft des dévots qui n'efti-
ment pas qu'il faille fe haïr cruellement
pour bien aimer Dieu, & vivre en défef-
pérés pour être religieux: leur devotion
eft enjouée; leur fageffe eft fort humaine.
Mais d'où naît cette différence de fentimens entre des gens qui fe proftefnent
aux pieds des mêmes autels? La piété fui-
vroit-elle auffi la loi de ce maudit tempe-
rament? Hélas! comment en difconvenir?
fon influence ne fe remarque que trop
fenfiblement dans le même dévot: il voit,
felon qu'il eft affecté, un Dieu vengeur
ou miféricordieux, les enfers ou les cieux
ouverts; il tremble de frayeur, ou il brûle
d'amour: c'eft une fièvre qui a fes accès
froids & chauds.

XII.

Sì, voglio Sostenerlo; la Superstizione fa vieppiù ingiuria a Dio dell'Ateismo. Vorrei, dice Plutarco, che si credesse non esistere un Plutarco al mondo, anzichè si credesse ch'esso fosse iniquo, collerico, incostante, invidioso, vendicativo, e quale esser non può senza sommo suo increscimento.

XIII.

Il solo Deista star può a fronte all'Ateista. Il Superstiziozo gli cede di forza. Altro non è il suo Iddio fuorchè un Ente fantastico. Oltre le difficoltà della materia, egli rimarrà esposto a tutte quelle derivanti dalle sue false cognizioni. Un C..... un S.... avrebbero imbrogliato mille volte più un Vanini di tutti i Nicoli e i Pascali del mondo.

XIV.

Era il Pascal uomo di diritta mente, ma pauroso e credulo. Elegante Scrittore e profondo Dialettico. Egli è fuor di dubbio che illuminato avrebbe l'universo,

se

XII.

Oui, je le foutiens, la Superftition eft plus injurieufe à Dieu que l'Athéifme. J'aimerois mieux, dit Plutarque, qu'on penfât qu'il n'y eut jamais de Plutarque au monde, que de croire que Plutarque eft injufte, colere, inconftant, jaloux, vindi-dicatif, & tel qu'il feroit bien fâché d'être.

XIII.

Le Déifte feul peut faire tête à l'Athée. Le Superftitieux n'eft pas de fa force. Son Dieu n'eft qu'un Etre d'imagination. Outre les difficultés de la matiere, il eft ex-pofé à toutes celles qui réfultent de la fauffeté de fes notions. Un C..... un S.... auroient été mille fois plus emba-raffants pour un Vanini, que tous les Ni-coles & les Pafcals du monde.

XIV.

Pafcal avoit de la droiture ; mais il étoit peureux & crédule. Elégant écrivain & raifonneur profond, il eût fans doute éclairé l'univers, fi la Providence ne l'eut

B

se la providenza lasciato non l'avesse in
balia a persone che fecero sacrificio del suo
sapere a' privati lor rancori. Così egli
lasciato avesse a' Teologi suoi contempora-
nei la cura di compor tra loro le lor contro-
versie; così senza riserba e senza timore
d'offender Dio, dato si fosse, con tutto
l'ingegno che n'ebbe, alla ricerca della verità, ed avesse sopra tutto ricusato di aversi
per maestri uomini i quali non eran nerite-
voli di essergli discepoli. Ben gli starebbe
quel che l'ingegnoso La-Mothe andava dicendo del la Fontaine, che fu corrivo a
segno di darsi a credere che Arnaud, saci
e Nicole lo vincessero di merito.

XV.

„ Jo vi dico che non v'è Dio, che la
„ creazione è un sogno, che l'eternità del
„ mondo non reca più incomodo di quel che fa
„ l'eternità d'un Ente spirituale; che non
„ comprendendo in qual modo il movi-
„ mento avuto abbia la possanza di ge-
„ nerare quest' universo, che sa pur man-
„ tenere così saldamente, pazza cosa sa
„ rebbe il voler sciorre il nodo col presup-
„ porre l'esistenza di un Ente che non posso
„ neppur comprendere; che se le cose ma-
„ ravigliose che nell' ordine fisico risplen-

abandonné à des gens qui facrifierent fes talents à leurs haines. Qu'il feroit à fouhaiter qu'il eût laiffé aux Théologiens de fon temps le foin de vuider leurs querelles; qu'il fe fût livré à la recherche de la vérité, fans réferve & fans crainte d'offenfer Dieu, en fe fervant de tout l'efprit qu'il en avoit reçu; & fur-tout, qu'il eût refufé pour maîtres des hommes qui n'étoient pas dignes d'être fes difciples. On pourroit bien lui appliquer ce que l'ingénieux La Mothe difoit de La Fontaine, qu'il fut affez bête pour croire qu'Arnaud, de Sacy & Nicole valoient mieux que lui.

XV.

„ Je vous dis qu'il n'y a point de Dieu;
„ que la création eft une chimere; que l'é-
„ ternité du monde n'eft pas plus incom-
„ mode que l'éternité d'un efprit; que,
„ parce que je ne conçois pas comment le
„ mouvement a pu engendrer cet univers,
„ qu'il a fi bien la vertu de conferver, il
„ eft ridicule de lever cette difficulté par
„ l'exiftence fuppofée d'un être que je ne
„ conçois pas davantage; que, fi les mer-
„ veilles qui brillent dans l'ordre phyfique

„ *dono manifeſtan una intelligenza,* „
„ *diſordini che nell'ordine morale regnano*
„ *riducon al nulla ogni providenza io vi*
„ *dico che ſe ogni coſa è fattura di un Dio,*
„ *ogni coſa debbe ſuffiſtere nel miglior*
„ *modo poſſibile, imperocchè ſe non è ogni*
„ *coſa nel miglior ordine diſpoſta, una*
„ *delle due, in Dio riconoſcer dovrete, o*
„ *impotenza o mala voglia. Adunque ſa-*
„ *rà pel mio maggior vantaggio ſe non ſon*
„ *più illuminato circa la ſua eſiſtenza.*
„ *Ora dato queſto in che poſſo giovarmi*
„ *delle voſtre cognizioni? paſſi per dimo-*
„ *ſtrato quel che non è provato nè poco nè*
„ *punto, cioè che qualunque male ſia la*
„ *ſorgente di un bene; che foſſe util coſa*
„ *Che Britannico de' Principi il migliore*
„ *periſſe, e Nerone ſcellerato più che altro*
„ *uomo del mondo regnaſſe; come provato*
„ *verrebbe non eſſere ſtato poſſibile il con-*
„ *ſeguire lo ſteſſo fine ſe non uſando quei*
„ *mezzi ſteſſi? acconſentire a vizj accio-*
„ *chè con maggior pompa campeggino le*
„ *virtù, queſto ſi è per da una banda un*
„ *frale vantaggio e di rincontro un danno*
„ *maſſiccio".* Queſte ſono, dice l'*Ateiſta*
le obbiezioni con cui vengovi innanzi;
ora coſa mi riſponderete?..... „ Ch'io
„ ſono uno ſcellerato, che ſe non aveſſi

„ décelent quelque intelligence, les déſor-
„ dres qui regnent dans l'ordre moral
„ anéantiſſent toute providence. Je vous
„ dis que, ſi tout eſt l'ouvrage d'un Dieu,
„ tout doit être le mieux qu'il eſt poſſi-
„ ble : car ſi tout n'eſt pas le mieux qu'il
„ eſt poſſible, c'eſt en Dieu impuiſſance
„ ou mauvaiſe volonté. C'eſt donc pour
„ le mieux que je ne ſuis pas plus éclairé
„ ſur ſon exiſtence : cela poſé, qu'ai-je à
„ faire de vos lumieres? quand il ſeroit
„ auſſi démontré qu'il l'eſt peu, que tout
„ mal eſt la ſource d'un bien; qu'il étoit
„ bon qu'un Britannicus, que le meilleur
„ des Princes périt, qu'un Néron, que
„ le plus méchant des hommes régnât;
„ comment prouveroit-on qu'il étoit im-
„ poſſible d'atteindre au même but ſans
„ uſer des mêmes moyens? permettre des
„ vices pour relever l'éclat des vertus,
„ c'eſt un bien frivole avantage pour un
„ inconvenient ſi réel". Voilà, dit l'A-
thée, ce que je vous objecte; qu'avez-vous
à repondre?..... „ *Que je ſuis un ſcé-*
„ *lérat; & que ſi je n'avois rien à crain-*
„ *dre de* Dieu, je n'en combattrois pas
„ l'exiſtence"...... Laiſſons cette phra-
ſe aux déclamateurs: elle ne peut choquer
la vérité; l'urbanité la défend, & elle mar-

„ motivo di temere Iddio, io non mi por‑
„ rei a contenderne l'eſiſtenza"..... La‑
ſciamo queſta fraſe a' declamatori, può darſi
ch'eſſa offenda la verità, l'urbanità non la
comporta, ella dimoſtra poca carità, e
perchè uno fa male a non aver la fede di
Dio, ſiamo fondati noi a villaneggiarlo?
non ſi ricorre alle invettive ſe non quando
mancan le prove. Vengano in iſcena due
Controverſiſti, fo la ſcommeſſa di cento
contro uno che quegli andrà in collera il
quale avrà il torto. „ Tu non mi riſpondi,
„ anzi tu dai di piglio al tuo fulmine, diſ‑
„ ſe Menippe a Giove, adunque tu hai
„ torto".

XVI.

Fu domandato una volta uno ſe vi foſſero
veri Ateiſti; penſate voi, riſpoſe egli che
vi ſieno veri criſtiani?

XVII.

Tutte le ciance della Metafiſica non va‑
gliono un argomento ad hominem. A voler
convincere, altro talora non ſi richiede
fuorchè ſuſcitare il ſentimento o fiſico o mo‑
rale. Con un baſtone il Pirroniſta fu chia‑

que peu de charité. Parce qu'un homme a tort de ne pas croire en Dieu, avons-nous raison de l'injurier ? on n'a recours aux invectives, que quand on manque de preuves. Entre deux Controversistes, il y a cent à parier contre un que celui qui aura tort se fâchera. „ Tu prends ton „ tonnerre au lieu de répondre, dit Me-„ nippe à Jupiter ; tu as donc tort ".

XVI.

On demandoit un jour à quelqu'un s'il y avoit de vrais Athées. Croyez-vous, re-pondit-il, qu'il y ait de vrais chrétiens ?

XVII.

Toutes les billevezées de la Métaphysi-que ne valent pas un argument *ad homi-nem.* Pour convaincre il ne faut quelque-fois que réveiller le sentiment ou physique ou moral. C'est avec un bâton qu'on •

rito che a torto negaſſe la ſua eſiſtenza.
Cartuccio avrebbe potuto con una piſtola in
mano fare a Obbeſio una lezione ſimile.
„ La borſa o la vita: ſono il piu forte, e
„ fra noi non ha luogo l'equità."

XVIII.

Non è la mano del Metafiſico che menò
le più gravi percoſſe dall' ateiſmo ricevute;
per dar il crollo al materialiſmo le ſublimi
meditazioni del Mallebranche e del Carte-
ſio valevan meno di una oſſervazione del
Malpighi. Se a' giorni noſtri vacilla queſt'
arriſchiata ipoteſi, aſcrivaſene la gloria alla ſperimentale fiſica, appaganti prove dell'
eſiſtenza d'una divina intelligenza ſi rac-
capezzano ſol tanto nelle opere di Neuto-
no, di Muſcenbrocchio, di Hartzocher e
di Nieuventit, grazie ſieno alle dotte fa
tiche di queſti grandi nomini, il mondo non
è oramai più un Dio, ma una macchina
delle ſue rote, delle ſue funi, delle ſue
carrucole, delle ſue molle e de' ſuoi peſi
fornita.

prouvé au Pyrrhonien qu'il avoit tort de nier son exiftence. Cartouche, le piftolet à la main, auroit pu faire à Hobbes une pareille leçon. „ La bourfe ou la vie: nous „ fommes feuls: je fuis le plus fort, & il „ n'eft pas queftion entre nous d'équité ".

XVIII.

Ce n'eft pas de la main du Métaphyficien que font partis les plus grands coups que l'Athéïfme a reçus. Les méditations fublimes de Malebranche & de Defcartes étoient moins propres à ébranler le matérialifme qu'une obfervation de Malpighi. Si cette dangereufe hypothefe chancelle de nos jours, c'eft à la Phyfique expérimentale que l'honneur en eft dû. Ce n'eft que dans les ouvrages de Newton, de Mufchenbroek, d'Hartzoeker, & de Nieuwentyt, qu'on a trouvé des preuves fatisfaifantes de l'exiftence d'un Etre fouverainement intelligent: graces aux travaux de ces grands hommes, le monde n'eft plus un Dieu; c'eft une machine qui a fes roues, fes poulies, fes refforts & fes poids.

XIX.

Le Sottigliezze dell' Ontologia al più non produſſero che ſcettici, all' inveſtigamenta della natura era riſerbato il far veri Deiſti. A render caduca una delle più valide obbiezioni dell' Ateiſmo baſtò la ſcoperta de' ſemi. Sia pur alla materia eſſenziale o accidentale il moto, ora rimango convinto che tutto tende allo ſviluppo de' ſemi. Tutte le oſſervazioni concorrono a farmi ſcorgere evidentemente eſſere la putrefazione inetta a generare coſa qualſiſſia organizzata. Jo poſſo avere per ammeſſo non eſſere il mecaniſmo dell' inſetto il più vile, men degno di ſtupore, di quello dell' uomo; nè già ho paura ch'altri voglia inferirne che l'agitazione interna de' corpuſcoli eſſendo abile a generare l'uno, ſia anche veriſimile che produca l'altro. Se un Ateiſta, due cento anni ſono, affermato aveſſe che un dì forſe uomini ben formati ſi vedrebbono uſcire del ſeno della terra, ſiccome da una maſſa di fracida carne vedeſi ſpuntar un mondo d'inſetti, ora il domando, coſa avrebbe riſpoſto un Metafiſico?

XIX.

Les fubtilités de l'Ontologie ont fait tout au plus des fceptiques; c'eft à la connoiffance de la nature qu'il étoit réfervé de faire de vrais Déïftes. La feule découverte des germes a diffipé une des plus puiffantes objections de l'Athéifme. Que le mouvement foit effentiel ou accidentel à la matiere, je fuis maintenant convaincu que fes effets fe terminent à des développements; toutes les obfervations concourent à me démontrer que la putrefaction feule ne produit rien d'organifé. Je puis admettre que le méchanifme de l'infecte le plus vil n'eft pas moins merveilleux que celui de l'homme; & je ne crains pas qu'on en infere qu'une agitation inteftine des molécules étant capable de donner l'un, il eft vraifemblable qu'elle a donné l'autre. Si un Athée avoit avancé, il y a deux cents ans, qu'on verroit peut-être un jour des hommes fortir tout formés des entrailles de la terre, comme on voit éclore une foule d'infecte d'une maffe de chair échauffée; je voudrois bien favoir ce qu'un Métaphyficien auroit eu à lui répondre.

XX.

Indarno io era uscito adosso ad un Ateista con tutte le sottigliezze delle scuole: egli dalla debolezza de' suoi ragionamenti aveva ricavato una obbiezione di non piccolo peso „ Misi dimostra senza replica, di-
„ ceva egli, un mondo di verità inutili,
„ e l'esistenza di Dio, la realtà del bene
„ e del male morale, l'immortalità dell'
„ anima mi riescon ancora altrettanti pro-
„ blemi eh che, preme egli meno a me lo
„ essere illuminato intorno argomenti di
„ tanta importanza, dell' esser convinto
„ che i tre angoli del triangolo suno uguali
„ a due dritti?" mentr'egli da sottile sofista facevami a sorso a sorso tranghiottire l'amara bevanda delle sue riflessioni, rappiccai la zuffa con una interrogazione laquale ebbe a sembrare stranissima ad uno il quale già andava tutto ringalluzzito de' suoi primi trionfi...... Siete voi un Ente pensante, gli dissi?..... „ Potreste
„ dubitarne, rispose egli, in atto d'uomo
„ che molto si compiace?" ... Perche nò? cosa ho veduto io che mene renda certo? de' suoni, de' movimenti? altrettanto ne vede il filosofo ne' bruti a cui toglie la facoltà di pensare. Per qual cagione a voi conce-

XX.

C'étoit en vain que j'avois essayé contre un Athée les subtilités de l'école: il avoit même tiré de la foiblesse de ses raisonnements une objection assez forte. ,, Une ,, multitude de vérités inutiles me sont dé- ,, montrées sans replique, disoit-il, & ,, l'existence de Dieu, la réalité du bien ,, & du mal moral, l'immortalité de l'a- ,, me, sont encore des problêmes pour moi? ,, Quoi donc! me seroit-il moins impor- ,, tant d'être éclairé sur ces sujets, que ,, d'être convaincu que les trois angles ,, d'un triangle sont égaux à deux droits?'' Tandis qu'en habile déclamateur il me faisoit avaler à longs traits toute l'amertume de cette réflexion, je rengageai le combat par une question qui dut paroître singuliere à un homme enflé de ses premiers succès... Etes-vous un Etre pensant, lui demandai-je?.... ,, En pourriez-vous douter, me ,, repondit-il, d'un air satisfait?''... Pourquoi non? qu'ai-je apperçu qui m'en convainque? Des sons, des mouvemens? Mais le Philosophe en voit autant dans l'animal qu'il dépouille de la faculté de penser: pourquoi vous accorderois-je ce que Descartes refuse à la fourmi? Vous produisez

derei io quel che nega il Cartefio alla for-
mica? efteriormente da voi efcono atti da
farmi fpecie, farei tentato di affermàre
che di fatti penfate, ma la ragiore tien
fofpefo il mio giudizio. ,, Fra gli atti ef-
,, teriori ed il penfamento non vi ha una ef-
,, fenzial conneffione, dicemi effa? può ef-
,, fere che il tuo Antagonifta non penfi nè
,, più nè meno del fuo oriccolo: aveva egli
,, ad effer tenuto ente penfante il primo
,, animale a cui fu infegnato a parlàre?
,, ora chi mai fvelò a te non effere gli uo-
,, mini tanti pappagalli fenza tua faputa
,, ammaeftrati?..... Quefta Comparazio-
,, ne è al più al più ingegnofa, rifpofe
,, egli. Non è dal moto, non da' fuoni,
,, ma dal filo delle idee, dalla confeguen-
,, za che regna tra le propofizioni, dalla
,, conneffione de' raziocini debbefi far giu-
,, dizio fe un ente penfi, fe vi foffe un
,, pappagallo che rifpondeffe a tutto, io
,, francamente deciderei effere egli un En-
,, te penfante...... Ma ci ha egli che fa-
,, re quefta queftione coll' efiftenza di
,, Dio? quando dimoftrato m'avrefte che
,, l'uomo in cui fcorgo il maggior ingegno,
,, altro forfe non è che un Automato, fa-
,, rei io per quefto men inclinato a riconof-
,, cere un' intelligenza nella natura?".....

à l'extérieur des actes assez propres à m'en
imposer, je serois tenté d'assurer que vous
pensez en effet; mais la raison suspend
mon jugement. „ Entre les actions exté-
„ rieures & la pensée il n'y a point de liai-
„ son essentielle, me dit-elle: il est pos-
„ sible que ton antagoniste ne pense non
„ plus que sa montre: falloit-il prendre
„ pour un être pensant le premier animal
„ à qui l'on apprit à parler? qui t'a révélé
„ que tous les hommes ne sont pas autant
„ de perroquets instruits à ton insu?.....
„ Cette comparaison est tout-au-plus in-
„ génieuse, me repliqua-t-il: ce n'est pas
„ sur le mouvement & les sons; c'est sur
„ le fil des idées, la conséquence qui re-
„ gne entre les propositions, & la liaison
„ des raisonnements, qu'il faut juger qu'un
„ Etre pense; s'il se trouvoit un perroquet
„ qui répondît à tout, je prononcerois
„ sans balancer que c'est un être pensant...
„ Mais qu'a de commun cette question
„ avec l'existence de Dieu? Quand vous
„ m'aurez démontré que l'homme en qui
„ j'apperçois le plus d'esprit n'est peut-
„ être qu'un automate, en serois-je plus
„ disposé à reconnoître une intelligence
„ dans la nature?".. C'est mon affaire,
repris-je, convenez cependant qu'il y au-

Questo farà pensier mio, rispos' io, confessate in tanto che chi non è pazzo non negherà a' suoi simiglievoli la facoltà di pensare..... ,, Oh via, facciamovela buona, e che per ciò?" .... Ne risulta che se l'univerfo, ma che dico io, l' universo, se l'ala d'una farfalla mi presenta contrassegni mille volte più distinti di una intelligenza che voi non avete indizi che il vostro simigliante dotato sia della facoltà di pensare, cosa farebbe mille volte più pazza negare che esista un Dio, che negare che il vostro simmigliante pensi.   Ora che abbia ad andar così la cosa, ne chiamo in testimonianza i vostri lumi ed il dettame della vostra coscienza. Avete mai offervato voi nel ragionare, nell' operar e nel procedere di uomo qualsivoglia più ordine, più intelligenza, più fagacità, più confeguenza di quel che fe ne ritruova nel mecanismo d'un insetto? Non è egli la Divinità tanto distintamente impressa negli occhi d'un bacherozzolo quanto la facoltà di pensare nelle opere dell' illustre Nevvtono? eh che! il mondo formato manifesta meno un' intelligenza che non lo fa il mondo spiegato? Che afferzione è questa! ,, Ma ,, soggiungete, io ammeto in altri la facoltà di pensare, e non ci ho difficoltà ,, veruna,

roit de la folie à refuser à vos semblables la
faculté de penser. „ Sans doute ; mais que
„ s'en suit-il delà ? " il s'ensuit que si l'univers — que dis-je l'univers ? — que si l'aile
d'un papillon m'offre des traces mille fois
plus distinctes d'une intelligence, que vous
n'avez d'indices que votre semblable est
doué de la faculté de penser, il seroit
mille fois plus fou de nier qu'il existe un
Dieu, que de nier que votre semblable
pense. Or que cela soit ainsi, c'est à vos
lumieres, c'est à votre conscience que j'en
appelle. Avez-vous jamais remarqué dans
les raisonnemens, les actions & la conduite
de quelque homme que ce soit, plus d'intelligence, d'ordre, de sagacité, de conséquence, que dans le méchanisme d'un in-
secte ? La Divinité n'est-elle pas aussi clairement empreinte dans l'œil d'un ciron,
que la faculté de penser dans les ouvrages
du grand Newton ? Quoi, le monde formé
prouve moins une intelligence, que le
monde expliqué ? Quelle assertion ! „ Mais,
„ repliquez-vous, j'admets la faculté de
„ penser dans un autre d'autant plus vo-
„ lontiers que je pense moi-même." Voilà, j'en tombe d'accord, une présomption
que je n'ai point ; mais n'en suis-je pas
dédommagé par la supériorité de mes

C

„ *veruna, perchè penso anch'io."* *Voglio*
dirlo, a tanto non arriva la mia presunzio-
ne, ma alle vostre con tanta superiorità pre-
vagliono le mie prove, che ho a rimanerne
pago.   Le maravigliose opere che scorgonsi
nella natura, con più sonora voce m'annun-
zian un Ente primiero intelligente, che gli
scritti di un Filosofo non mi fan fede di
un ente pensante.   Notate di grazia, aver-
mela passata io coll'opporvi un'ala di farfal-
la, un occhio di bacherozzolo, quando pure
io poteva caderoi adosso coll'enorme peso
dell'universo.   O io m'inganno a partito, o
questa mia prova pareggia la miglior di
quante mai furon dettate nelle scuole.   Fon-
dato su questo ragionamento, e su alcuni
altri semplici al pari di questo, riconosco
esistere un Dio, e non su quell'impasto d'idee
aride e metafisiche, idonee meno a fare spic-
car la verità, che a mascherarla colle divi-
se della menzogna.

XXI.

Apro a caso i quinterni d'un professor
celebre e leggo: „ Ateisti vi concedo es-
„ sere il moto alla materia essenziale,
„ cosa intendete inferirne? che il mondo
„ nato sia da un fortuito accoppiamento di

preuves fur les vôtres? l'intelligence d'un premier Etre ne m'eft-elle pas mieux démontrée dans la nature par fes ouvrages, que la faculté de penfer dans un Philofophe par fes écrits. Songez donc que je ne vous objectois qu'une aile de papillon, qu'un œil de ciron, quand je pouvois vous écrafer du poids de l'univers. Ou je me trompe lourdement, ou cette preuve vaut bien la meilleure qu'on ait encore dictée dans les écoles. C'eft fur ce raifonnement, & quelques autres de la même fimplicité, que j'admets l'exiftence d'un Dieu, & non fur ces tiffus d'idées feches & métaphyfiques, moins propres à dévoiler la vérité, qu'à lui donner l'air du menfonge.

XXI.

J'ouvre les cahiers d'un Profeffeur célebre, & je lis: ,, Athées, je vous accorde ,, que le mouvement eft effentiel à la ma- ,, tiere; qu'en concluez-vous? que le ,, monde réfulte du jet fortuit des atomes?

„ atomi? tanto vorrei che mi dicefte che
„ l'Iliade di Omero, o la Enriade del Vol-
„ taire derivi da un fortuito accozzamento
„ di caratteri." Non farò mai per fare un
ragionamento fimile ad un Ateifta, che quefta
comparazione troppo gli tornerebbe a vantaggio. Secondo le leggi dell'analifi delle forti, direbbemi egli, non ho a rimanere at-
tonito che fegua un cafo quando pur è poffibile, e quando la difficoltà dell'avvenimento
ha il fuo compenfo nella moltiplicità delle
combinazioni. Si dà un numero di tiri tale,
che farebbe mio vantaggio lo fcomettere di
fcoprire cento mila fei in un tiro con cento
mila dadi. Per limitato che foffe il numero
de' caratteri col quale verrebbemi propofto di
generare fortuitamente l'Iliade, havvi un numero limitato di tiri tale che farebbe la pro-
pofizione per tornarmi a benefizio. Anzi
infinito farebbe mio vantaggio fe il numero
de' tiri conceffomi foffe infinito. Voi accor-
date meco, foggiungerebbe egli che la materia efifte ab eterno, e che l'è effenziale il
moto. Volendo corrifpondere a quefto favore,
m'accofto a prefupporre con voi effere illimi-
tato il mondo, infinita ffere la quantità degli Atomi, nè lafciar mai quel bell'ordine
che vi fa ftupire, di mantenerfi coftantemen-
te in qualfiffia parte: ora da quefti fcambie-

„ J'aimerois autant que vous me diſſiez que
„ l'Iliade d'Homere ou la Henriade de Vol-
„ taire eſt un réſultat de jets fortuits de ca-
„ racteres." Je me garderai bien de faire
ce raiſonnement à un Athée. Cette comparaiſon lui donneroit beau jeu. Selon
les loix de l'analyſe des ſorts, me diroit-
il, je ne dois point être ſurpris qu'une
choſe arrive lorſqu'elle eſt poſſible, &
que la difficulté de l'événement eſt com-
penſée par la quantité des jets. Il y a tel
nombre de coups dans leſquels je gagerois
avec avantage d'amener cent mille ſix à la
fois avec cent mille dez. Quelle que fut
la ſomme finie des caracteres avec laquelle
on me propoſeroit d'engendrer fortuitement l'Iliade, il y a telle ſomme finie de
jets qui me rendroit la propoſition avanta-
geuſe; mon avantage ſeroit même infini,
ſi la quantité de jets accordée étoit infinie.
Vous voulez bien convenir avec moi, con-
tinueroit-il, que la matiere exiſte de toute éternité, & que le mouvement lui eſt
eſſentiel; pour répondre à cette faveur,
je vais ſuppoſer avec vous que le monde
n'a point de bornes, que la multitude des
atomes étoit infinie, & que cet ordre qui
vous étonne ne ſe dément nulle part: or
de ces aveux réciproques il ne s'enſuit

voli affenfi altro non fegue fe non che la poffibilità della fortuita generazione del mondo fia in anguftiffimi termini riftretta, ma che infinito fia il numero delle combinazioni, cioè che la difficoltà dell'avvenimento abbia un più che baftevol compenfo nella quantità degli accoppiamenti. Se adunque farà cofa alcuna che alla ragion repugni, al certo egli farà il fupporre che la materia effendofi moffa ab eterno, ed effendovi forfe nell'infinita fomma delle poffibili combinazioni un numero infinito di maravigliofe difpofizioni, intervenuta non fia alcuna di quefte maravigliofe difpofizioni nell'infinita moltitudine di quelle da effa a mano a mano pigliate: farà adunque per arrecare ftupor maggiore alla mente la fuppofitiva durata del caos che non fa la generazione effettiva dell'univerfo.

XXII.

Io fpartifco gli Ateifti in tre claffi. Vene fono alcuni i quali vanno affermando francamente non v'effere Dio, e cofì il penfano, fono quefti i veri Ateifti: altri, i quali non fon pochi, ftanfi dubbiofi del fì o del nò, e di buona voglia tirerebbero a forte per rifolvere la queftione; fono cofto-

autre chofe, fi non que la poffibilité d'engendrer fortuitement l'univers eft très petite, mais que la quantité des jets eft infinie, c'eft-à-dire, que la difficulté de l'é-
vénément eft plus que fuffifamment compen-
fée par la multitude des jets. Donc fi
quelque chofe doit repugner à la raifon,
c'eft la fuppofition que la matiere s'étant
mue de toute eternité, & qu'y ayant peut-
être dans la fomme infinie des combinai-
fons poffibles un nombre infini d'arrangements admirables, il ne fe foit rencontré
aucun de ces arrangements admirables dans
la multitude infinie de ceux qu'elle a pris
fucceffivement. Donc l'efprit doit être
plus etonné de la durée hypothétique du
chaos, que de la naiffance réelle de l'univers.

XXII.

Je diftingue les Athées en trois claffes.
Il y en a quelques-uns qui vous difent
nettement qu'il n'y a point de Dieu, &
qui le penfent; *ce font les vrais Athées:*
un affez grand nombre qui ne favent qu'en
penfer, & qui decideroient volontiers la
queftion à croix ou pile; *ce font les Athées*

ro gli Ateisti scettici. *Altri de' quali v'ha copia maggiore; bramano che non vi sia un Dio, fanno le viste di esserne persuasi, e vivono quasi con ferma fede il credessero.* Sono cotesti gli smargiassi del partito. *Ho in odio i millantatori perchè sono fallaci; mi vien compassione de' veri Ateisti, e parmi che sieno meritevoli di qualsissia consolazione; prego Iddio per gli scettici, anno bisogno di essere illuminati.*

XXIII.

Il Deista afferma l'esistenza d'un Dio, l'immortalità dell'anima e le conseguenze. Lo scettico sta indeciso in ordine a questi propositi; l'Ateista gli nega. Ha lo scettico adunque, per darsi alle virtuose operazioni, un motivo di più che non ha l'Ateista, e alcune ragioni di meno che il Deista: tolto il timore del Legislatore, tolta la propensione del temperamento, e la cognizione de' vantaggi effettivi della virtù, la probità dell'Ateista rimane priva di fondamento, e quella dello scettico altro puntello non ha se non un forse.

sceptiques : beaucoup plus qui voudroient qu'il n'y en eût point, qui font femblant d'en être perfuadés, qui vivent comme s'ils l'étoient ; *ce font les fanfarons du parti.* Je détefte les fanfarons, ils font faux : je plains les vrais Athées, toute confolation me femble morte pour eux ; & *je prie Dieu* pour les fceptiques, ils manquent de lumieres.

XXIII.

Le Déifte affure l'exiftence d'un Dieu, l'immortalité de l'ame & fes fuites : le Sceptique n'eft point décidé fur ces articles : l'Athée les nie. Le Sceptique a donc, pour être vertueux, un motif de plus que l'Athée, & quelque raifon de moins que le Déifte. Sans la crainte du Légiflateur, la pente du tempérament & la connoiffance des avantages actuels de la vertu, la probité de l'Athée manqueroit de fondement, & celle du Sceptique feroit fondée fur un *peut-être.*

XXIV.

Lo *scetticismo non consa ad ogni qualsivoglia persona, egli presuppone una pro-
fonda e disappassionata discussione. Colui
che dubita perchè venuto non è in cognizione delle ragioni di credibilità, altro non
è che un ignorante, il vero scettico ha scan-
dagliato e crivellato le ragioni, ma il saper
ponderare raziocini è cosa tutt'altro che facile. Chi fra noi darassi il vanto di co-
noscerne il valor preciso? producansi cento
prove della stessa verità, sortirà ciascuna i
suoi aderenti. Ognuno ha il suo telescopio.
Agli occhi vostri s'affaccia in forma colos-
sale quella obbiezione che a'miei a mala
pena visibile dileguasi. Voi Stimate di niun
peso una ragione da cui io rimango oppresso.
Se siamo divisi intorno all'intrinseca valuta,
in che guisa staremo d'accordo circa il cor-
relativo peso? Ditemi di grazia, quante
prove abbisognano pel contrappeso d'una me-
tafisica conclusione? Sono i vostri occhiali, o
i miei forse imperfetti? se adunque riesce
tanto difficile il ponderàr le ragioni, se non
si dà quistione alcuna, a vantaggio o svan-
taggio della quale non s'abbia da dire con
misura poco meno che uguale, perchè corria-*

XXIV.

Le scepticisme ne convient pas à tout le monde; il suppose un examen profond & désintéressé : celui qui doute, parce qu'il ne connoît pas les raisons de crédibilité, n'est qu'un ignorant. Le vrai sceptique a compté & pesé les raisons. Mais ce n'est pas une petite affaire que de peser des raisonnements. Qui de nous en connoît exactement la valeur? Qu'on apporte cent preuves de la même vérité, aucune ne manquera de partisans. Chaque esprit a son télescope. C'est un colosse à mes yeux que cette objection qui disparoît aux vôtres : vous trouvez légere une raison qui m'écrase. Si nous sommes divisés sur la valeur intrinseque, comment nous accorderons-nous sur le poids relatif? Dites-moi, combien faut-il de preuves morales pour contrebalancer une conclusion métaphysique? sont-ce mes lunettes qui pechent, ou les vôtres? Si donc il est si difficile de peser des raisons, & s'il n'est point de questions qui n'en aient pour & contre, & presque toujours à égale mesure, pourquoi tranchons-nous si vîte? D'où nous vient ce ton si décidé? N'avons-nous pas éprouvé cent fois que la suffisance

mo così a furia nel decidere, d'onde procede quel nostro affermar tanto risoluto?
non abbiamo noi cento volte provato quanto
la dogmatica saccenterìa dispiaccia? ,, o-
,, diar mi fa le cose ch'anno del verisimi-
,, le, dice l'autore de' saggi, chi mele
,, spaccia come infallibili.   A me piaccio-
,, no quelle parole che raddolciscono e tem-
,, perano l'ardir soverchio delle nostre pro-
,, posizioni.   A cagion d'esempio: per for-
,, tuna, in alcun modo, talora, si dice,
,, m'è avviso ed altre somiglianti, e se toc-
,, cato mi fosse di allevare figliuoli, tor-
,, nato sarei tante volte a por loro in boc-
,, ca quel modo di rispondere interrogante
,, e non risolutivo: come sarebbe a dire,
,, nol capisco, mi par, è egli vero, che
,, già ritrovandosi coi sessant'anni sulle
,, spalle, si sarebbono portati qual novizj,
,, anzichè di farla da dottori in età di
,, quindici.''

XXV.

Cosa è Dio? questa è una quistione che
si fa a' fanciulli, ed alla quale i filosofi
stentano assai a rispondere.

Si fa in che età s'abbia un fanciullo a
imparare l'abbicì, il canto, il ballo, il

dogmatique révolte? „ On mé fait haïr
„ les chofes vraifemblables, dit l'auteur des
„ Effais, quand on me les plante pour in-
„ faillibles. J'aime ces mots qui amollif-
„ fent & modérent la témérité de nos
„ propofitions, *à l'aventure, aucunement,*
„ *quelquefois, on dit, je penfe,* & autres
„ femblables: & fi j'euffe eu à dreffer des
„ enfants, je leur euffe tant mis en la
„ bouche cette façon de répondre enquef-
„ tante & non réfolutive, *queft ce à dire,*
„ *je ne l'entends pas, il paroît, eft-il vrai,*
„ qu'ils euffent plutôt gardé la forme d'ap-
„ prentifs à foixante ans, que de repréfen-
„ ter les docteurs à l'âge de quinze.

XXV.

Queft-ce que Dieu? queftion qu'on fait
aux enfants, & à laquelle les Philofophes
ont bien de la peine à répondre.

On fait à quel âge un enfant doit ap-
prendre à lire, à chanter, à danfer, le La-

Latino, la Geometria, ma in materia di religione sol tanto non si ha riguardo alla sua capacità. A mala pena egli può capire, che gli vien domandato, che cosa è Dio? Dalla stessa bocca, nel medesimo tempo gli succede d'imparare esistere folletti, lemuri, l'orco, ed esistere un Dio. Gli s'inculca una delle più rilevanti verità in un modo attissimo a screditarla un dì al tribunale della sua ragione. Di fatto sarebbe egli da farsene le maraviglie, se in età di vent'anni, essendo nella sua testa mista confusamente l'esistenza di Dio con un mondo di assardi, egli la sconoscesse, e la trattasse in quella guisa in cui trattano i giudici un uom dabbene impegnato per disgrazia con una combriccola di scellerati.

XXVI.

Ci si parla di Dio anzi tempo; a questo, altro mancamento s'aggiugne; nelle menti non s'imprime abbastanza la sua presenza. Hanno gli uomini da loro bandita la Divinità, e confinanta l'anno in un Santuario. Di là dalle mura che le stanno d'intorno più veduta non viene, più non esiste. Buttate giù, o insensati! questi

tin, la Géometrie. Ce n'eſt qu'en matiere de religion qu'on ne conſulte point ſa portée ; à peine entend-il, qu'on lui demande : queſt-ce que Dieu? C'eſt dans le même inſtant, c'eſt de la même bouche qu'il apprend qu'il y a des eſprits follets, des revenants, des loups garoux & un Dieu. On lui inculque une des plus importantes vérités d'une maniere capable de la décrier un jour au tribunal de ſa raiſon. En effet, qu'y aura-t-il de ſurprenant, ſi, trouvant à l'age de vingt ans l'exiſtence de Dieu confondue dans ſa tête avec une foule de préjugés ridicules, il vient à la méconnoître & à la traiter ainſi que nos juges traitent un honnête homme qui ſe trouve engagé par accident dans une troupe de coquins.

XXVI.

On nous parle trop tôt de Dieu: autre défaut, on n'inſiſte pas aſſez ſur ſa préſence. Les hommes ont banni la Divinité d'entre eux ; ils l'ont reléguée dans un ſanctuaire ; les murs d'un Temple bornent ſa vue ; elle n'exiſte point au-delà. Inſenſés que vous êtes, détruiſez ces enceintes qui rétréciſſent vos idées, élargiſſez Dieu:

ricinti, i quali pongon in riſtretto le idee voſtre, mettete Dio in libertà. Rimiratelo in qualunque luogo ove ſi ritruova, o dite eſſo non eſiſtere. Se aveſſi da allevare un fanciullo, farei che Iddio gli foſſe compagno ſì fattamente aſſiduo che dourerebbe molto minor fatica a riuſcir Ateiſta che dal guardarſi di diventarlo. In cambio di addurgli in eſempio taluno, il quale egli ha forſe per uom più di ſe perverſo, io gli direi bruſcamente, ti ode Iddio, e tu dì il falſo. I fanciulli vogliono eſſere colti per la parte de' ſenſi. Gli accreſcerei adunque all'intorno i ſegni indicanti la preſenza divina. Se, a cagion d'eſempio, ſi veniſſe a converſazione a caſa mia, io vi aſſegnerei un luogo a Dio, vorrei che il mio diſcepolo uſaſſe dire: ,, Noi eravamo ,, quattro, Iddio, il mio amico, il mio ,, ajo, ed io."

XXVII.

L'ignoranza e la incurioſità ſono due guanciali molto ſoffici, ma per ritrovargli tali, non ci vuole a meno di una teſta ben organizzata al pari di quella del Montagne.

voyez-le par-tout où il eſt, ou dites qu'il
n'eſt point. Si j'avois un enfant à dreſſer,
moi, je lui ferois de la Divinité une com-
pagnie ſi réelle, qu'il lui en couteroit peut-
être moins pour devenir Athée que pour
s'en diſtraire. Au lieu de lui citer l'exemple d'un autre homme, qu'il connoît quelquefois pour plus méchant que lui, je lui
dirois bruſquement, *Dieu t'entend, & tu
ments.* Les jeunes gens veulent être pris
par les ſens; je multiplierois donc autour
de lui les ſignes indicatifs de la préſence di-
vine. S'il ſe faiſoit, par exemple, un cer-
cle chez moi, j'y marquerois une place à
Dieu; & j'accoutumerois mon éléve à dire: „ Nous etions quatre, Dieu, mon
„ ami, moh Gouverneur & moi."

XXVII.

L'ignorance & l'*incurioſité* ſont deux
oreillers fort doux; mais pour les trouver
tels, il faut avoir *la tête auſſi bien faite* que
Montaigne.

XXVIII.

*Alla fredda lentezza dello scettico con-
formarsi non sanno gli animi ferventi nè
le fantasie ardenti, le quali ad ogni modo
vogliono porsi a rischio di fare una qualsivoglia elezione, anzichè non farne veruna, ingannarsi anzichè vivere stando sempre nel dubbio. O sia che si fidin poco
delle loro braccia, o sia che abbian paura
della profondità delle acque sempre veg-
gonsi appiccati a' rami della cui poca ro-
bustezza sono consapevoli, volendo piuttos-
to a questi star penzoloni che commettersi
all' arbitrio della corrente. Affermano
ogni cosa, se ben fatto non anno esatto
giudizio di cosa alcuna: non dubitano di
nulla, perchè a ciò fare manca lor l'animo
e la pazienza. Soggetti a lampi che gli
determinano, se a caso incontran la verità, incontranla non tentone, ma all' im-
provviso e quasi per rivelazione. Sono fra
i dogmatici, quelli per l'appunto, che fra
i divoti illuminati vengon chiamati. N'ho
veduto io di così fatti individui per natura
inquieti, i quali non giungevano a capire
come alla quiete avesse ad accoppiarsi l'ir-
resoluzione dell'animo. ,, Eh come mai
,, menar può vita felice chi non sa chi
,, egli si sia, d'onde venga; dove vada,*

XXVIII.

Les efprits bouillants, les imaginations
ardentes ne s'accommodent pas de l'indo-
lence du fceptique; ils aiment mieux ha-
zarder un choix que de n'en faire aucun,
fe tromper que de vivre incertains: foit
qu'ils fe méfient de leurs bras, foit qu'ils
craignent la profondeur des eaux, on les
voit toujours fufpendus à des branches dont
ils fentent toute la foibleffe & auxquelles
ils aiment mieux demeurer accrochés que
de s'abandonner au torrent; ils affurent
tout, bien qu'ils n'aient rien foigneufement
examiné; ils ne doutent de rien, parce
qu'ils n'en ont ni la patience ni le courage;
fujets à des lueurs qui les décident, fi par
hazard ils rencontrent la vérité, ce n'eft
point à tâtons, c'eft brufquement & comme par révélation. Ils font entre les dog-
matiques, ce qu'on appelle les illuminés
chez le peuple dévot. J'ai vu des individus
de cette efpece inquiete, qui ne conce-
voient pas comment on pouvoit allier la
tranquillité d'efprit avec l'indécifion. „ Le
„ moyen de vivre heureux, fans favoir qui
„ l'on eft, d'où l'on vient, où l'on va,
„ pourquoi l'on eft venu"! Je me pique
d'ignorer tout cela, fans en être plus mal-

,, *a che fine venuto sia*". Io, *rispondeva freddamente lo scettico, fo professione di star all' oscuro di tutte queste cose, nè per ciò riputomi infelice; se la ragione interrogata de' fatti miei ammutolì, non ci ho colpa nè peccato.* Non mi verrà *a noja mai non sapere ciò che possibil non è ch'io sappia, nè increscerammi il non aver potuto acquistar cognizioni le quali indubitatamente non mi sarebbono riuscite gran fatto utili giacchè ne rimango privo.* Sarebbe, *dice uno de' più sublimi ingegni di questo secolo, come se m'affannassi da senno di non aver quattr' occhi, quattro piedi e due ale.*

XXIX.

Ch'io vada della verità in cerca chieder debbesi; ma non ch'io la ritruovi. Non *può egli un Sofisma più vivamente muovermi che non fa una sodissima prova? io son necessitato ad acconsentire al falso da me scambiato pel vero, ed a ripudiare il vero da me scambiato pel falso.* Ma *ho io a temer di cosa alcuna se volontario non è l'error mio* Non *è lassù premiato chi quaggiù dotato fu d'alto ingegno, vi si darebbe egli gastigo a chi non ne ha avuto? dannare uno perchè travia nel discorre-*

heureux, repondoit froidement le sceptique: ce n'est point ma faute si j'ai trouvé ma raison muette, quand je l'ai questionnée sur mon état. Toute ma vie j'ignorerai sans chagrin ce qu'il m'est impossible de savoir. Pourquoi regretterois-je des connoissances que je n'ai pu me procurer, & qui sans doute ne me sont pas fort nécessaires, puisque j'en suis privé? J'aimerois autant, a dit un des premiers génies de notre siecle, m'affliger sérieusement de n'avoir pas quatre yeux, quatre pieds & deux ailes.

XXIX.

On doit exiger de moi que je cherche la vérité, mais non que je la trouve. Un sophisme ne peut-il pas m'affecter plus vivement qu'une preuve solide? Je suis nécessité de consentir au faux que je prens pour le vrai, & de rejeter le vrai que je prends pour le faux; mais qu'ai-je à craindre, si c'est innocemment que je me trompe? L'on n'est point récompensé dans l'autre monde pour avoir eu de l'esprit dans celui-ci; y seroit-on puni pour en avoir manqué? Damner un homme pour de mauvais raisonne-

re, questo fi è un voler dimenticare ch' egli
è uno fciocco per trattarlo da uomo malva-
gio.

XXX.

Cosa è uno Scettico? un filosopho il quale ha dubitato di quanto egli crede, e crede
quel che l'uso legittimo della sua ragione e
de' sensi suoi gli han dimostrato per vero.
Volete voi una più precisa definizione? fate che sincero sia il Pirronista, ed eccovi lo
scettico bello e trovato.

XXXI.

Quel che non è venuto mai in quistione,
non è stato provato. Ciò che non è stato
esaminato senza preoccupazione, non è stato mai bene esaminato. Lo scetticismo
adunque è quello che ci mette per la stra-
da che conduce alla verità. Egli esser dee
generale essendone egli la pietra di parago-
ne. Se per accertarsi dell'esistenza di Dio
il filosofo dal dubitar comincia, qual sarà
mai la proposizione che non abbia a venire
a quel cimento?

mens, c'eſt oublier qu'il eſt un ſot, pour le traiter comme un méchant.

XXX.

Qu'eſt-ce qu'un ſceptique? c'eſt un Phi-loſophe qui a douté de tout ce qu'il croit, & qui croit ce qu'un uſage légitime de ſa raiſon & de ſes ſens lui a démontré vrai: voulez-vous quelque choſe de plus précis? Rendez ſincere le Pyrrhonien, & vous au-rez le ſceptique.

XXXI.

Ce qu'on n'a jamais mis en queſtion, n'a point été prouvé. Ce qu'on n'a point exa-miné ſans prévention, n'a jamais été bien examiné. Le ſcepticiſme eſt donc le pre-mier pas vers la vérité. Il doit être géné-ral, car il en eſt la pierre de touche. Si pour s'aſſurer de l'exiſtence de Dieu, le Philoſophe commence par en douter, y a-t-il quelque propoſition qui puiſſe ſe ſou-ſtraire à cette épreuve?

XXXII.

È talora l'incredulità il vizio d'uno Sciocco, e la credulità il difetto d'un uom d'ingegno. L'uomo spiritoso lungi scorge nel-
l'immensità de' possibili; lo sciocco altro
possibile non ravvisa o poco meno, se non
quello che è. Quindi forse l'uno riesce pusillanimo e temorario l'altro.

XXXIII.

Non a minor rischio mettesi chi nel creder eccede, di quel che nel credere scarseg-
gia. Sta in ugual pericolo chi all' Ateismo e chi al Politeismo aderisce. Ora lo
scetticismo può solo tenerci lontani in ogni
tempo e luogo da questi due eccessi.

XXXIV.

Il mezzo scetticismo accenna un ingegno
debole: egli palesa un pusillanimo ragionatore intimorito dalle consequenze, un superstizioso, il quale dimostrarsi riverente verso il suo Dio stima, col dare ceppi alla sua
ragione, una sorte d'incredulo che teme di
cavar a se stesso la maschera, perciocché se
la ragione non iscapita nell'esser esamina-

XXXII.

L'incrédulité eſt quelquefois le vice d'un ſot, & la crédulité le défaut d'un homme d'eſprit. L'homme d'eſprit voit de loin dans l'immenſité des poſſibles; le ſot ne voit guere de poſſible que ce qui eſt. C'eſt-là peut-être ce qui rend l'un puſilla-nime & l'autre téméraire.

XXXIII.

On riſque autant à croire trop qu'à croi-re trop peu; il n'y a ni plus ni moins de danger à être Polythéiſte qu'Athée : or le ſcepticiſme peut ſeul garantir également, en tout temps & en tout lieu, de ces deux excès oppoſés.

XXXIV.

Un ſemi-ſcepticiſme eſt la marque d'un eſprit foible : il décele un raiſonneur puſill-anime qui ſe laiſſe effrayer par les conſé-quences, un ſuperſtitieux qui croit honorer ſon Dieu par les entraves où il met ſa rai-ſon, une eſpece d'incrédule qui craint de ſe démaſquer à lui-même; car ſi la vérité n'a rien à perdre à l'examen, comme en eſt

ta, *ficcome ne fta convinto il mezzo fcetti-co, che penfa egli nel fegreto del fuo cuore di cotefte nozioni privilegiate, di fcandagliar lequali egli ha paura, e che in un ripoftiglio del fuo cervello collocate fono non altrimenti che in un fantuario a cui accostarfi non ardifce.*

XXXV.

Sento gridar da ogni parte dà all' impietà. In Afia il Criftiano è tenuto impio. il Mufulmanno in Europa, il Papifta in Londra, in Parigi il Calvinifta, il Gianfenifta, in capo alla ftrada di fan Giacomo, il Molinifta nel fondo del fobborgo di fan Medardo Cofà è adunque un impio? fono impj forfe tutti gli uomini, o neffuno?

XXXVI.

O *contraddiconfi i divoti, o fono, a parer mio, poco intendenti dell'utile loro quando fi fcagliano addoffo allo fcetticifmo. Se egli è fuor di contrafto che per abbracciare o per lafciare un culto altro non fi richiegga che una perfetta cognizione del vero o del falfo di quello, farebbe da defiderare che nel mondo un general dubbio en-*

convaincu le femi-fceptique, que penfe-t-il au fond de fon ame de ces notions privilé- giées qu'il appréhende de fonder, & qui font placées dans un recoin de fa cervelle, comme dans un fanctuaire dont il n'ofe ap- procher.

XXXV.

J'entends crier de toutes parts à l'impié- té. Le Chrétien eft impie en Afie, le Mu- fulman en Europe, le Papifte à Londres, le Calvinifte à Paris, le Janfénifte au haut de la rue St. Jacques, le Molinifte au fond du fauxbourg S. Médard. Qu'eft-ce donc qu'un impie? tout le monde l'eft-il, ou per- fonne?

XXXVI.

Quand les dévôts fe déchaînent contre le fcepticifme, il me femble qu'ils enten- dent mal leur intérêt, ou qu'ils fe contre- difent. S'il eft certain qu'un culte vrai pour être embraffé, & qu'un faux culte pour être abandonné, n'ont befoin que d'être bien connus; il feroit à fouhaiter qu'un doute univerfel fe répandit fur la fur-

traffe, e che tutt' i popoli fi c ntentaffero far un efatto fcrutinio del vero delle loro religioni, che già de' noftri Miffionnarj ammezzata dirfi potrebbe la bifogna.

XXXVII.

Chi non s'attiene per elezione al culto trasmeffogli nell' educazione più non può darfi vanto di effere Criftiano o Maomettano di quel che di non effer nato cieco o zoppo. Quefta fi è una fortuna e non un merito.

XXXVIII.

Chi faceffe il facrifizio della vita in riguardo a una religione della cui falfità foffe confapevole, egli fi porterebbe da forfennato.

Chi muore in grazia di un culto falfo, ma da lui tenuto per vero, o di un culto vero, ma delquale non ha le convenevoli prove, coftui è un fanatico.

Il vero Martire fi è quello che muore per un culto vero, la cui verità gli è dimoftrata.

face de la terre, & que tous les peuples voulussent bien mettre en question la vérité de leurs religions: nôs Missionnaires trouveroient la bonne moitié de leur besogne faite.

XXXVII.

Celui qui ne conserve pas par choix le culte qu'il a reçu par éducation, ne peut non plus se glorifier d'être Chrétien ou Musulman, que de n'être point né aveugle ou boiteux. C'est un bonheur & non pas un mérite.

XXXVIII.

Celui qui mourroit pour un culte dont il connoîtroit la fausseté, seroit un enragé.

Celui qui meurt pour un culte faux, mais qu'il croit vrai, ou pour un culte vrai, mais dont il n'a point de preuves, est un fanatique.

Le vrai Martyr est celui qui meurt pour un culte vrai, & dont la vérité lui est démontrée.

XXXIX.

Il vero Martire sta aspettando la morte. L'entusiasta gli corre incontro.

XL.

Se standosi uno in Medina facesse insulto alle ceneri di Maometto, i suoi altari distruggesse, e mettesse a romore una meschita, costui al certo sarebbe impalato, nè per ciò forse riposto sarebbe nel catalogo de' santi. Non è più questo zelo in voga. Pazzo sarebbe stimato a dì nostri Poliutto.

XLI.

È andato il tempo delle rivelazioni, de' prodigj e delle straordinarie missioni, che al Cristianesimo non abbisognano que' strani puntelli. Uno fra noi a cui verrebbe in pensier, facendo il personnaggio di Giona, d'andar a giro per le strade gridando: „ *Ancora tre giorni e Parigi non sarà più.* „ *Fate penitenza, Parigini, ponetevi in* „ *dosso il cilicio, ricopritevi il capo di ce-* „ *nere, se nò passati tre giorni perirete* „ *tutti". Questi sarebbe incontanente acchiappato e di legge condotto davanti al*

XXXIX.

Le vrai Martyr attend la mort. L'en-
thoufiafte y court.

XL.

Celui qui fe trouvant à la Mecque, iroit
infulter aux cendres de Mahomet, renver-
fer fes autels, & troubler toute une Mof-
quée, fe feroit empaler à coup fûr, & ne
feroit peut-être pas canonifé. Ce zele n'eft
plus à la mode. Poyleucte ne feroit de nos
jours qu'un infenfé.

XLI.

Le temps des révélations, des prodiges
& des miffions extraordinaires eft paffé. Le
Chriftianifme n'a plus befoin de cet échaf-
faudage. Un homme qui s'aviferoit de jouer
parmi nous le rôle de Jonas, de courir les
rues en criant : ,, encore trois jours & Pa-
,, ris ne fera plus ; Parifiens, faites péni-
,, tence ; couvrez-vous de facs & de cen-
,, dres, ou dans trois jours vous périrez" ;
feroit incontinent faifi & traîné devant un
juge, qui ne manqueroit pas de l'envoyer
aux petites-maifons ; il auroit beau dire :

giudice, il quale non lasciarebbe di confi-
narlo nello spedale de' pazzi. Dicesse pur
quanto più volesse: ,, Popoli , Iddio non
,, ama voi forse quanto amò i Niniviti?
,, siete voi colpevoli meno di essi?" Non
gli si darebbe retta, nè per trattarlo da visionario si aspetterebbe il prefisso termine
del profetico annunzio.

Dall'altro mondo torni pur Elia quando
più vorrà. Tali sono gli uomini, che a
voler da loro ottenere grata accoglienza, gli
converrà comparire corteggiato da numero
grande di miracoli.

XLII.

Quando ad un popolo si annunzia un dog-
ma alla dominante religione opposito, o fatto alcuno alla pubblica tranquillità contrario, se anche avvalorata venisse con miracoli la missione, può con ragione chi go-
verna, decretar pene, può il popolo gridar crucifige. Di quanto danno non sarebbe
egli lasciar gli animi in abbandono alle
seducenti ciurmerie di un impostore, o alle
vane fole di un Visionario? se contro i
Giudei gridò vendetta il sangue di Cristo,
questo si è perchè, spargendolo, non por-
gevan orecchi alla voce di Mosè e de' Profeti,

„ Peuples, Dieu vous aime-t-il moins que
„ le Ninivite? êtes-vous moins coupables
„ que lui"? On ne s'amuſeroit point à
lui répondre, & pour le traiter en viſionaire, on n'attendroit pas le terme de ſa
prédiction.

Elie peut revenir de l'autre monde quand
il voudra; les hommes ſont tels, qu'il fera
de grands miracles s'il eſt bien accueilli
dans celui-ci.

XLII.

Lorſqu'on annonce au peuple un dogme
qui contredit la religion dominante, ou
quelque fait contraire à la tranquillité publique; juſtifiât-on ſa miſſion par des miracles, le Gouvernement a droit de ſévir,
& le peuple de crier *crucifige*. Quel danger n'y auroit-il pas à abandonner les eſprits aux ſéductions d'un impoſteur, ou aux
rêveries d'un viſionaire? Si le ſang de Jéſus-Chriſt a crié vengeance contre les Juifs,
c'eſt qu'en le répandant ils fermoient l'o-
reille à la voix de Moyſe & des Prophetes
qui le déclaroient le Meſſie. Un Ange

E

feti, i quali indicavanlo pel Messia. Di-
scenda pur un Angelo dal Cielo; a conferma de' ragionamenti suoi, operi pure prodigj; se egli predica contro la legge di
Cristo, ordina san Paolo che glisi dica ana-
tema. Prodigj adunque non adducansi in
prova della missione di uno, ma in tanto
sia tenuta legittima, in quanto la dottrina
di quello sarà a quella del popolo cui man-
dato pretendesi, concordevole; massimamen-
te quando la dottrina di questo popolo è
dimostrata vera.

XLIII.

Ogni novità in uno stato è cosa da aver-
sene paura. Dalla religione di Cristo, benchè sopra qualunque altra santa e mansue-
ta, nacquero scandoli e discordie, prima
che giugner potesse ad una stabile consisten-
za. Uscirono più volte i figliuoli della
Chiesa fuor de' termini della discrezione e
della tolleranza prescritte loro. Siami lecito il riferir quì squarci alcuni d'un Editto dell' Imperatore Giuliano, i quali al vivo rappresentano l'indole di cotesto Principe
filosofo, ed il genio de' fanatici del suo
tempo.

Io m'era figurato, dice Giuliano, che i

vînt-il à defcendre des cieux, appuyât-il fes raifonnemens par des miracles; s'il prêche contre la loi de Jéfus-Chrift, Paul veut qu'on lui dife anathême. Ce n'eft donc pas par les miracles qu'il faut juger de la miffion d'un homme; mais c'eft par la conformité de fa doctrine avec celle du peuple auquel il fe dit envoyé, *fur-tout lorfque la doctrine de ce peuple eft démontrée vraie.*

XLIII.

Toute innovation eft à craindre dans un gouvernement. La plus fainte & la plus douce des religions, le Chriftianifme même, ne s'eft pas affermi fans caufer quelques troubles. Les premiers enfants de l'Eglife font fortis plus d'une fois de la modération & de la patience qui leur étoient prefcrites. Qu'il me foit permis de rapporter ici quelques fragments d'un Edit de l'Empereur Julien; ils caractériferont à merveille le génie de ce Prince Philofophe, & l'humeur des zélés de fon tems.

J'avois imaginé, dit Julien, que les chefs

principali tra i Galilei riconoscendo quanto
il mio procedere sia da quello dell' antecessor
mio dissimile, grado mene sentirebbero.
Anno essi sofferto sotto il suo regno la prigionia
e l'esilio, e un mondo di quelli, tra
loro eritici chiamati, furono dati al macello.... sotto il mio, rivocati furono gli
sbanditi, i prigioni scarcerati ed i proscritti
ritornati ne' loro averi, Ma talè l'inquieto
furor di cotesta razza di uomini, che
spogliati della facoltà d'imperversare l'uno
contro l'attro, di tormentare così gli zelanti
de' loro dogmi, siccome i seguaci della
religione accreditata dalle leggi, non
perdonano a mezzo alcuno, nè lascian andare
congiuntura che nasca loro di eccitare
sollevazioni ; gente che non ha riguardo
alla vera pietà, nè porta riverenza a' nostri
statuti...... Tuttavia non è la nostra intenzione
che sieno strascinati appiè de'
nostri altari, nè che venga lor fatta forza
.... in quanto s'appartiene alla plebaglia,
a noi pare che i suoi capi, e non altri,
diano fomento a que' bollori sediziosi
che la sospingono, essendo costoro pieni di
stizza perchè noi limitato abbiamo il poter
loro, scacciandogli da' tribunali nostri, e
col toglier loro l'arbitraria disposizione de'
testamenti, l'agio di defraudare gli eredi

des Galiléens fentiroient combien mes pro-
cédés font différents de ceux de mon pré-
décéffeur, & qu'ils m'en fauroient quelque gré: ils ont fouffert fous fon regne
l'exil & les prifons; & l'on a paffé au fil
de l'épée une multitude de ceux qu'ils ap-
pellent entre eux hérétiques..... fous le
mien, on a rappellé les exilés, élargi les
prifonniers, & rétabli les profcrits dans la
poffeffion de leurs biens. Mais telle eft l'in-
quiétude & la fureur de cette efpece d'hommes, que depuis qu'ils ont perdu le privilege de fe dévorer les uns les autres, de
tourmenter & ceux qui font attachés à leurs
dogmes, & ceux qui fuivent la religion au-
torifée par les loix, ils n'épargnent aucun
moyen, ne laiffent échapper aucune occa-
fion d'exciter des révoltes; gens fans égard
pour la vraie piété, & fans refpect pour
nos conftitutions.... Toutefois nous n'en-
tendons pas qu'on les traîne aux pieds de
nos autels & qu'on leur faffe violence.....
Quant au menu peuple, il paroît que ce
font fes chefs qui fomentent en lui l'efprit
de fédition, furieux qu'ils font des bornes
que nous avons mifes à leurs pouvoirs: car
nous les avons bannis de nos tribunaux; &
ils n'ont plus la commodité de difpofer des
teftaments, de fupplanter les héritiers légi-

legittimi, e d'impoffeffarfi dell' altrui eredi-
tà.... la onde noi facciamo divieto a quefto
popolo di radunarfi tumultuariamente, e di
far occulte pratiche in cafa de' fediziofi lor
facerdoti...... Metta in ficuro il prefente
editto i noftri Magiftrati, i quali oltraggiati
da i faziofi, non una volta vennero a ri-
pentaglio di effere lapidati..... Pacifica-
mente riducanfi in cafa de' fuperiori loro;
quivi faccian le lor orazioni, quivi fieno ammaeftrati, quivi attendano all' impofto
lor culto, per me non rimane, ma riti-
rinfi da qualunque macchinazione.... Se
quefte radunanze faranno lor cagione di ri-
bellione, io folli avvertiti che'l danno farà
loro..... Popoli increduli vivete in pace....
E voi, fedeli rimafi alla religione del voftro
paefe ed agli Dei paterni, guardatevi dall'
effer perfecutori de' vicini, de' concittadini
voftri, la cui ignoranza è vieppiù di compa-
timento meritevole, che non è la lor perver-
fità degna di biafimo..... Ufar non conviene la forza, ma la ragione per ritornare gli
uomini nel deviato fentiere della verità. Dia-
mo ordine adunque a' noftri fudditi che fieno
lafciati vivere in pace i Galilei.

Cofì penfava quel Principe, cui imputar
puoffi a delitto l'effere ftato pagano, ma non
l'effere ftato apoftata. Egli fpefe i primi
tempi della vita nell'accudire a varie difci-

times, & de s'emparer des fucceſſions.....
C'eſt pourquoi nous défendons à ce peuple de s'aſſembler en tumulte, & de caba-
ler chez les Prêtres féditieux..... Que cet
Edit faſſe la fûreté de nos Magiſtrats, que
les mutins ont inſultés plus d'une fois, &
mis en danger d'être lapidés...... Qu'ils
fe rendent paiſiblement chez leurs chefs,
qu'ils y prient, qu'ils s'y inſtruiſent, &
qu'ils y fatisfaſſent au culté qu'ils en ont reçu ; nous le leur permettons, mais qu'ils
renoncent à tout deſſein factieux..... Si ces
aſſemblées font pour eux une occaſion de
révolte, ce fera à leurs riſques & fortunes ;
je les en avertis...... Peuples incrédules,
vivez en paix...... Et vous qui êtes de-
meurés fideles à la religion de votre pays
& aux Dieux de vos pères, ne perfecutez
point des voiſins, des concitoyens, dont
l'ignorance eſt encore plus à plaindre que
la méchanceté n'eſt à blâmer..... C'eſt par
la raiſon, & non par la violence, qu'il faut
ramener les hommes à la vérité. Nous vous
enjoignons donc, à vous tous nos fideles fujets, de laiſſer en repos les Galiléens.

Tels étoient les fentimens de ce Prince
à qui l'on peut reprocher le paganiſme,
mais non l'apoſtaſie. Il paſſa les premieres
années de fa vie fous différents maître. &

pline *sotto diversi maestri.* Riuscito poi ma-
turo, *fece un'infelice scelta,* rivolgendosi
sventuratamente al paterno culto ed agli Dei
del suo paese.

XLIV.

Le opere *di questo dotto imperadore sono*
arrivate *fino a noi,* nè *finisco di farne le*
maraviglie, entro racchiudon passi, *i quali*
non recane *danno veruno* alla *verità del*
Cristianesimo, ma che *ad alcuni Cristiani*
di que' *tempi portan pregiudizio quanto basta,*
perchè *anch'essi* diventassero *obbietto della*
particolar premura usata da i Padri della
Chiesa *nel disperdere le opere de' nemici loro.*
Egli è *probabil cosa che da suoi predecessori*
ereditato avesse *san Gregorio il grande di*
quel *barbaro zelo il quale lo sollevò contro le*
arti e *le scienze,* che non è restato *per quel*
Pontefice *che noi non istessimo nel caso de'*
Maomettani, *a cui altra lettura non avan-*
za *se non quella del loro Alcorano.* Qual
mai *sarebbe stata la ventura degli antichi*
scrittori *capitando nelle mani di quell'uomo,*
il quale *a motivo di religione faceva solle-*
cismi, *figurandosi che osservare le regole del-*
la *Grammatica si fosse sottomettere* Gesù
Cristo *a* Donato, *e riputando obbligo di cos-*

dans différentes écoles, & fit dans un âge plus avancé un choix infortuné : il se décida malheureusement pour le culte de ses ayeux & les Dieux de son pays.

XLIV.

Une chose qui m'étonne, c'est que les ouvrages de ce savant Empereur soient parvenus jusqu'à nous. Ils contiennent des traits qui ne nuisent point à la vérité du Christianisme, mais qui sont assez désavantageux à quelques Chrétiens de son temps, pour qu'ils se sentissent de l'attention singuliere que les Peres de l'Eglise ont eue de supprimer les ouvrages de leurs ennemis. C'est apparemment de ces prédécesseurs que Saint Grégoire le grand avoit hérité du zele barbare qui l'anima contre les lettres & les arts. S'il n'eût tenu qu'à ce Pontife, nous serions dans le cas des Mahométans, qui en sont réduits pour toute lecture à celle de leur Alcoran. Car quel eut été le sort des anciens Ecrivains entre les mains d'un homme qui solécisoit par principe de religion, qui s'imaginoit qu'observer les regles de la Grammaire c'étoit soumettre Jésus-Christ à Donat, & qui se crut obligé

cienza il diftruggere gli avanzi dell' antichità.

XLV.

Tuttavia le fcritture non portano un tal
carattere di divinità, che l'autorità degli fto-
rici facri fia del tutto independente dalla tef
timonianza degli autori profani. Come fa-
remmo noi, fe ci foffe d'uopo riconofcere il
dito di Dio nella teffitura della noftra Bib-
bia? Quanto mefchina non n'è la di lei ver-
fione in idioma latino? nè tampoco capi d'o-
pera fono, riguardo alla compofizione, i tefti
originali. I Profeti, gli Apoftoli, gli Evan-
gelifti fcriffero come fe l'intedevano. Se cofa
foffe a noi lecita il confiderare la ftoria del
popolo Ebreo qual femplice parto dell' umana
mente, non ftarebbono di fotto a Mofè nè a'
fucceffivi fcrittori facri Tito Livio, Salluf-
tio, Cefare, Giufeppe, i quali certamente
lontani fono dal fofpetto di effere ftati infpirati da Dio. Anzi non viene egli Mofè pof-
pofto al Gefuita Berruyer? Quadri nelle
Chiefe noftre fi confervano, i quali fecondo ci
viene affeverato furono dagli Angeli e dalla
divinità fteffa dipinti. Se tali opere foffero
dal pennello del Le Sueur o del Le Brun, avrei
io che opporre ad una coftante ed antichiffima
tradizione? Niente affatto forfe. Ma fcen-

en confcience de combler les ruines de
l'antiquité?

XLV.

Cependant la divinité des Ecritures n'eft
point un caractère fi clairement empreint
en elles, que l'autorité des hiftoriens facrés
foit abfolument indépendante du témoignage des auteurs profanes. Où en ferions-
nous, s'il falloit reconnoître le doigt de
Dieu dans la forme de notre Bible? Combien la verfion latine n'eft-elle pas miférable? Les originaux-mêmes ne font pas des
chefs-d'œuvres de compofition. Les Prophetes, les Apôtres & les Evangéliftes ont
écrit comme ils s'y entendoient. S'il nous
étoit permis de regarder l'hiftoire du peuple Hébreu comme une fimple production
de l'efprit humain, Moyfe & fes continua-
teurs ne l'emporteroient pas fur Tite-Live,
Sallufte, Céfar & Jofephe, tous gens qu'on
ne foupçonne pas affurément d'avoir écrit
par infpiration. Ne préfere-t-on pas même
le Jéfuite Berruyer à Moyfe? On conferve
dans nos Eglifes des tableaux qu'on nous
affûre avoir été peints par des anges & par
la divinité même. Si ces morceaux étoient
fortis de la main de le Sueur ou de le Brun,
que pourrois-je oppofer à cette tradition

dendo poi ad una particolar osservazione di queste celesti fatture, e vedendo ad ogni tratto violate le regole della pittura così nel disegno siccome nell'esecuzione, il vero dell'arte in ogni parte negletto, nè potendo presuppone essere stato un imperito il facitore, mi convien avere per favolosa questa tradizione. Ora quel che vo dicendo circa questi quadri, non potrei io addattarlo alle Scritture sacre, se già non sapessi quanto poco rilevi che sia il contenuto di quelle con facondo o con rozzo stile enunziato? i Profeti piccaronsi di dire il vero, ma non di dirlo bene. Morirono forse gli Apostoli per altro, se non per testificare che quanto detto o scritto avevano, era verità? Ma tornando al proposito nostro, non era egli di somma importanza la conservazione de' profani autori, i quali non potevano non istarsi concordi co' sacri autori, almen in quanto si aspetta all'esistenza, ed a i miracoli di Cristo, alle qualità ed alla natura di Ponzio Pilato, alle gesta ed al martirio de' primi Cristiani?

XLVI.

Un popolo intero, diretemi, è testimonio di questo fatto, ardireste voi negarmelo? il

immémoriale? Rien du tout, peut-être.
Mais quand j'obferve ces céleftes ouvrages,
& que je vois à chaque pas les regles de
la peinture violées dans le deffein & dans
l'exécution, le vrai de l'art abandonné par-
tout; ne pouvant fuppofer que l'ouvrier
étoit un ignorant, il faut bien que j'accufe
la tradition d'être fabuleufe. Quelle appli-
cation ne ferois-je pas de ces tableaux aux
faintes Ecritures, fi je ne favois combien il
importe peu que ce qu'elles contiennent
foit bien ou mal dit? Les Prophetes fe
font piqués de dire vrai, & non pas de
bien dire. Les Apôtres font-ils morts pour
autre chofe que pour la vérité de ce qu'ils
ont dit ou écrit? Or, pour en revenir au
point que je traite, de quelle conféquence
n'étoit-il pas de conferver des auteurs profanes, qui ne pouvoient manquer de s'accorder avec les auteurs facrés, au moins
fur l'exiftence & les miracles de Jéfus-
Chrift, fur les qualités & le caractere de
Ponce-Pilate, & fur les actions & le mar-
tyre des premiers Chrétiens?

XLVI.

Un Peuple entier, me direz-vous, eft
témoin de ce fait, oferez-vous le nier?

*negherò certo fino a tanto che questo attestato
mi venga da persona autorevole, che aderen-
te vostro non sia, e ch'io sappia essere quell'
uomo incapace di fanatismo e di seduzione.
Dirò più.　Narri a me un autore disappas-
sionato e tale conosciuto, essersi spalancata
una voragine nel mezzo ad una città, gli
Dei interrogati sopra l'intervenuto caso, aver
risposto quella doversi riserrare tosto che ver-
ravvi gettata dentro la cosa la più preziosa
che s'abbia. M'aggiunga poi che un generoso
Cavaliere lanciatosi in fondo a quella, ha
avuto l'oracolo il suo adempimento. Certo che
a questo racconto presterò manco fede, che se
detto semplicemente m'avesse, assersi spalancata una voragine, e che si consumò molto
tempo e durossi fatica non piccola a ricolmar-
la.　Quanto meno par probabile un fatto,
tanto più la testimonianza della storia va
calando di peso.　Un uom dabbene, quantunque solo, mi venisse a dire avere il re rotti
in battaglia i confederati, il crederei di leg-
gieri, ma quando anche da tutto Parigi mi
venisse confermato essere dianzi risuscitato
un morto nel contado di Passi, non m'indur-
rei a crederla.　Non è cosa sovra naturale
che uno storico ci faccia scambiare un fatto
per un altro, e che un popolo intero s'inganni.*

Oui, j'oferai, tant qu'il ne me fera pas confirmé par l'autorité de quelqu'un qui ne foit pas de votre parti, & que j'ignorerai que ce quelqu'un étoit incapable de fanatifme & de féduction. Il y a plus. Qu'un auteur d'une impartialité avouée me raconte qu'un gouffre s'eft ouvert au milieu d'une ville, que les Dieux confultés fur cet événement ont répondu qu'il fe refermera fi l'on y jette ce que l'on poffede de plus précieux, qu'un brave chevalier s'y eft précipité, & que l'oracle s'eft accompli; je le croirai beaucoup moins que s'il eût dit fimplement, qu'un gouffre s'étant ouvert on employa un temps & des travaux confidérables pour le combler. Moins un fait a de vraifemblance, plus le témoignage de l'hiftoire perd de fon poids. Je croirois fans peine un feul honnête homme qui m'annonceroit que fa Majefté vient de remporter une victoire complette fur les Alliés; mais tout Paris m'affureroit qu'un mort vient de reffufciter à Paffy, que je n'en croirois rien. Qu'un Hiftorien nous en impofe, ou que tout un peuple fe trompe; ce ne font pas des prodiges.

XLVII.

Tarquinio ha intenzione di aggiungere nuovi corpi di cavalleria a quelli già da Romolo stabiliti. Un augure gli mantiene ogni novità in ordine a questa milizia essere sacrilega, se non è da gli Dei autenticata. Tarquinio mal soffrendo il parlar libero di questo prete, voglioso di confonderlo, e di screditar nella di lui persona un' arte che contrastava la sua autorità, fattolo comparire nella piazza pubblica, gli disse: ,, indovino, quello che ,, vo rivolgendo nell'animo è egli possibile? ,, se il tuo saper è quale tu'l predichi, dee ,, renderti abile a rispondermi''. L'Indovino non si perde, consulta gli uccelli, e risponde: ,, Sì, o Principe, può mandarsi ad ,, effetto quel pensier che ti va per l'animo''. Allora Tarquinio cavando di sotto la veste un rasoio, e tenendosi una selce in mano; ,, Vien quà, disse al indovino, tagliami ,, questa selce con questo rasoio, imperocchè ,, questa è la cosa ch'io pensava poter farsi''. Navio, così aveva nome l'augure, rivolto al popolo, baldanzoso disse. ,, Si porti alla selce il rasoio, e se in quel punto non fia divisa, trascinate me al patibolo''. Di fatti fuor dell'aspettazione di tutti videsi la durezza della selce al taglio del rasoio cedere,

e nelle

XLVII.

Tarquin projette d'ajouter de nouveaux corps de Cavalerie à ceux que Romulus avoit formés. Un augure lui soutient que toute innovation dans cette milice est sacrilege, si les Dieux ne l'ont autorisée. Choqué de la liberté de ce Prêtre, & résolu de le confondre & de décrier en sa personne un art qui croisoit son autorité, Tarquin le fait appeller sur la place publique, & lui dit: „ Devin, ce que je pense est-„ il possible? si ta science est telle que tu „ la vantes, elle te met en état de répon-„ dre.” L'Augure ne se déconcerte point, consulte les oiseaux & répond. „ Oui, „ Prince, ce que tu penses se peut fai-„ re.” Lors Tarquin tirant un rasoir de dessous sa robe, & prenant à la main un caillou, „ approche, dit-il au Devin, „ coupe-moi ce caillou avec ce rasoir; „ car j'ai pensé que cela se pouvoit.” Navius, c'est le nom de l'augure, se tourne vers le peuple & dit avec assurance: „ qu'on „ applique le rasoir au caillou, & qu'on „ me traîne au supplice, s'il n'est divisé „ sur le champ.” L'on vit en effet contre toute attente la dureté du caillou céder au tranchant du rasoir: ses parties se

F

e nelle disgiunte parti di essa questo internarsi così tostamente, che la mano di Tarquinio ne rimase offesa e insanguinata. Prorompe in applausi il popolo sbalordito; Tarquinio lascia il suo proponimento e prende sotto il suo patrocinio gli auguri. Si racchiude sotto un altare il rasoio, e i frammenti della selce. Ergesi all' indovino una statua, laquale era ancor veduta sussistere sotto il regno di Augusto, e dalla sacra non men che dalla profana antichità attestata ci viene la verità di questo fatto negli scritti di Lattanzio, di Dionisio Alicarnasseo e di sant' Agostino.

Voi già udito avete la storia; ora sentite a parlare la superstizione. ,, Cosa ,, avete a rispondermi su questo particola- ,, re? egli è d'uopo dice il superstizioso ,, quinto a Cicerone suo fratello, egli è ,, d'uopo buttarsi in braccio a un mostruo- ,, so pirronismo, avere i popoli e gli storici ,, per balordi, dar fuoco agli annali, o ,, restar d'accordo della verità del fatto. ,, Direte di nò a ogni cosa, anzi chè con- ,, fessare che gli Dei si danno cura delle ,, cose nostre?"

Hoc ego Philosophi non arbitror, testibus uti, qui aut casu veri, aut malitiâ falsi, fictique esse possint. Argumentis

ſeparent ſi promptement, que le raſoir
porte ſur la main de Tarquin & en tire du
ſang. Le peuple étonné fait des acclamations; Tarquin renonce à ſes projets & ſe
déclare protecteur des Augures; on en-
ferme ſous un autel le raſoir & les fragments du caillou; on éleve une ſtatue au
Devin; cette ſtatue ſubſiſtoit encore ſous
le regne d'Auguſte; & l'antiquité profane
& ſacrée nous atteſte la vérité de ce fait
dans les écrits de Lactance, de Dénis
d'Halicarnaſſe, & de St. Auguſtin.

Vous avez entendu l'hiſtoire; écoutez
la ſuperſtition. ,, Que répondez-vous à
,, cela? il faut, dit le ſuperſtitieux Quin-
,, tus à Ciceron ſon frere, il faut ſe pré-
,, cipiter dans un monſtrueux pyrrhoniſme,
,, traiter les peuples & les Hiſtoriens de
,, ſtupides, & brûler les Annales, ou con-
,, venir de ce fait. Nierez-vous tout,
,, plutôt que d'avouer que les Dieux ſe
,, mêlent de nos affaires?''

' *Hoc ego philoſophi non arbitror, teſtibus*
uti, qui aut caſu veri, aut malitiâ falſi,
fictique eſſe poſſint. Argumentis & ratio-

& rationibus oportet, quare quidque ita fit, docere, non eventis, iis præfertim quibus mihi non liceat credere .... omitte igitur lituum Romuli, quem in maximo incendio negas potuiffe comburi; contemne cotem Accii Navii; nihil debet effe in philofophiâ commentitiis fabellis loci. Illud erat philofophi, totius augurii primum naturam ipfam videre, deinde inventionem, deinde conftantiam .... habent Etrufci exaratum puerum auctorem difciplinæ fuæ. Nos quem? Acciumne Navium? Placet igitur humanitatis expertes habere divinitatis auctores! *Ma questa è la credenza de' re, de' popoli, delle Nazioni e del mondo.* Quafi verè quidquam fit tam valdè, quam nihil fapere, vulgare? aut quafi tibi ipfi in judicando placeat multitudo. *Tal è la rifposta del Filosofo. Mifi adduca un prodigio folo a cui effa addattibile non fia. I Padri della Chiefa, i quali vedevano le difficoltà intricatiffime, in cui farebbono per inciampare, volendo ufare i principj di Cicerone, Stimarono meglio ammettere il cafo di Tarquinio, e l'arte di Navio afcriverla al Diavolo. Gran ripiego davvero quello del Diavolo!*

nibus oportet, quare quidque ita fit, doce-
re, non eventis, iis præfertim quibus mihi
non liceat credere …. omitte igitur li-
tuum Romuli, quem in maximo incendio
negas potuiffe comburi ; contemne cotem
Accii Navii ; nihil debet effe in philofo-
phia commentitiis fabellis loci. Illud erat
philofophi, totius augurii primum natu-
ram ipfam videre, deinde inventionem,
deinde conftantiam …. habent Etrufci
exaratum puerum auctorem difciplinæ fuæ.
Nos quem? Acciumne Navium? placet
igitur humanitatis expertes habere divini-
tatis auctores! Mais c'eft la croyance des
Rois, des Peuples, des Nations & du
monde. *Quafi vere quidquam fit tam val-*
de, quam nihil fapere, vulgare! aut quafi
tibi ipfi in judicando placeat multitudo!
Voila la réponfe du Philofophe. Qu'on
me cite un feul prodige auquel elle ne
foit pas applicable. Les Peres de l'Eglife,
qui voyoient fans doute de grands inconvénients à fe fervir des principes de Ciceron, ont mieux aimé convenir de l'aventure de Tarquin, & attribuer l'art de Navius au Diable. C'eft une belle machine
que le Diable !

XLVIII.

Apportan tutti i popoli fatti simili, i quali certo sarebbero maravigliosi se pur fossero veri. Fatti non provati, e con cui tuttavia si dimostra ogni cosa; osar negargli è impietà, ed è pur sciochezza il credergli.

XLIX.

Romolo percosso dal folgore, o da i senatori ammazzato sparisce. Il popolo e la Soldatesca ne mormorano. Sollevansi gli ordini dello stato gli uni contro gli altri. Roma nascente in discordia al di dentro, e al di fuori co' nemici intorno stava in sull' orlo del precipizio, quando con grave passo facendosi innanzi un tal Proculeio, disse:
,, Romani, morto non è quel Principe del
,, quale voi fate il pianto, egli è salito in
,, Cielo, laddove staffi alla destra di
,, Giove. Va, dissemi egli, i tuoi con-
,, cittadini accheta, annunzia lor sedere
,, Romolo fia gli Dei, rendigli certi del
,, mio patrocinio. Sappiano che mai non
,, fia che al valor loro stian di sopra le
,, nemiche forze. Un dì signoreggeranno
,, il mondo, Così ordina il destino. Basta

XLVIII.

Tous les peuples ont de ces faits à qui, pour être merveilleux, il ne manque que d'être vrais; avec lesquels on démontre tout, mais qu'on ne prouve point; qu'on n'ose nier fans être impie, & qu'on ne peut croire fans être imbécille.

XLIX.

Romulus, frappé de la foudre ou maſſacré par les ſénateurs, diſparoît d'entre les Romains; le peuple & le ſoldat murmurent; les ordres de l'Etat ſe ſoulevent les uns contre les autres; & Rome naiſſante, diviſée au dedans & environnée d'ennemis au dehors, étoit au bord du précipice, lorſqu'un certain Proculeius s'avance gravement & dit: „ Romains, ce Prince „ que vous regrettez n'eſt point mort; il „ eſt monté aux Cieux, où il eſt aſſis à „ la droite de Jupiter. Va, m'a-t-il dit, „ calme tes concitoyens: annonce-leur „ que Romulus eſt entre les Dieux: aſſu- „ re-les de ma protection: qu'ils ſachent „ que les forces de leurs ennemis ne pré- „ vaudront jamais contre eux: le deſtin „ veut qu'ils ſoient un jour les maîtres

„ *che quel vaticinio non tralafcino di tra-*
„ *mandarlo fucceffivamente ai più lor ri-*
„ *moti pofteri."* Congiunture *fi danno*
all' impoftura favorevoli, imperocchè confi-
derando in che termine foffero allora le
cofe di Roma, forza e confeffare Procu-
leio effere Stato uomo di cervello, ed aver
faputo egli cogliere l'opportunità del tem-
po. Negli *animi trasfufe un pregiudizio,*
il quale riufcì di non mediocre utile alla
futura grandezza della fua patria.....
Mirum est quantùm illi viro hæc nuntianti,
fidei fuerit; quàmque defiderium Romuli
apud plebem, factâ fide immortalitatis, lenitum fit. Famam hanc admiratio viri &
pavor præfens nobilitavit; factoque a
paucis initio, Deum, Deo natum, falvere
univerfi Romulum jubent. *Cioè che il po-*
polo fi bevve quell' apparizione, che fece
vifta il fenato di crederla, che a Ro-
molo altari furono eretti. Nè *qui fi flet-*
tero le cofe; egli in breve già apparfo
non era ad un cittadino folo, ma nel corfo
d'un giorno a mille e più s'era fatto ve-
dere. Non *era ftato percoffo dal fulmi-*
ne, nè coll' aiuto d'un propizio temporale
fe l'avevano levato innanzi i fenatori, ma
in cofpetto del popolo fchierato erafi per
aria fra i tuoni e i lampi innalzato; e

„ du monde: qu'ils en faſſent ſeulement
„ paſſer la prédiction d'âge en âge à leur
„ poſtérité la plus reculée." Il eſt des
conjonctures favorables à l'impoſture; &
ſi l'on examine quel étoit alors l'état des
affaires de Rome, on conviendra que Proculeius étoit homme de tête, & qu'il avoit
ſu prendre ſon temps. Il introduiſit dans
les eſprits un préjugé qui ne fut pas inuti-
le à la grandeur future de ſa patrie.....
Mirum eſt quantim illi viro hæc nuntian-
ti, fidei fuerit; quamque deſiderium Ro-
muli apud plebem, facta fide immortali-
tatis, lenitum ſit. Famam hanc admira-
tio viri & pavor præſens nobilitavit; facto-
que a paucis initio, Deum, Deo natum,
ſalvere univerſi Romulum jubent. C'eſt-à-
dire, que le peuple crut à cette apparition,
que les ſénateurs firent ſemblant d'y croire, & que Romulus eut des autels. Mais
les choſes n'en demeurerent pas là. Bien-
tôt ce ne fut plus un ſimple particulier à
qui Romulus s'étoit apparu. Il s'étoit
montré à plus de mille perſonnes en un
jour. Il n'avoit point été frappé de la
foudre; les ſénateurs ne s'en étoient point
défaits à la faveur d'un temps orageux; mais
il s'étoit élevé dans les airs au milieu des
éclairs & au bruit du tonnerre, à la vue

col successo del tempo furono appiccate tant'
altre frottole a questo fatto, che agli increduli del susseguente secolo ei volle del
buono a uscire di quel intrigato laberinto.

L.

Più mi muove una dimostrazione che
non fanno cinquanta fatti. Mercè il mio
sommo confidare nella mia ragione, la mia
credenza all' arbitrio d'un ciarlatano qualsivoglia sottoposta non è. Pontefice di
Maometto raddrizza pur i zoppi; dà la
parola a i mutoli; rallumina i ciechi, risa-
na i paralitici, resuscita i morti, anzi fa
un prodigio fino a ora intentato, rendi a i
monchi le membra di cui son privi; ad
ogni modo non giungerai, non senza tuo
stupore, a dar alla mia fede il menomo
tracollo. Hai tu voglia ch'io riesca un tuo
seguace? mettiamo da parte questi prestigj
e veniamo al ragionare; che fo più capitale del mio intelletto che degli occhi mièi.

Essendo vera la religione che tu mi vai
predicando, può la verità di essa mettersi
in chiaro e dimostrarsi con ragioni invinci-
bili. Trovami queste ragioni; per qual
cagione infestarmi co' prodigj, mentre ad

de tout un peuple; & cette avanture fe *calfeutra* avec le temps d'un fi grand nombre de pieces, que les efprits forts du fiecle fuivant devoient en être fort embarraffés.

L.

Une feule démonftration me frappe plus que cinquante faits. Grace à l'extrême confiance que j'ai en ma raifon, ma foi n'eft point à la merci du premier faltimbanque. Pontife de Mahomet, redreffe des boiteux; fais parler des muets; rends la vue aux aveugles; guéris des paralitiques; reffufcite des morts; reftitue même aux eftropiés les membres qui leur manquent, miracle que l'on n'a point encore tenté: & à ton grand étonnement, ma foi n'en fera point ébranlée. Veux-tu que je devienne ton profélyte? laiffe tous ces preftiges, & raifonnons. Je fuis plus fûr de mon jugement que de mes yeux.

Si la religion que tu m'annonces eft vraie, fa vérité peut-être mife en évidence & fe démontrer par des raifons invincibles. Trouves-les ces raifons. Pourquoi me harceler par des prodiges, quand tu

atterrarmi basta un Sillogismo solo? eh
come, sarebbe egli impresa più agevole
il raddrizzare uno zoppo che l'illuminar
me?

LI.

Giace in terra un uomo privo di senti-
mento, di voce, di calore, di moto. Sia
pur volto, rivolto e scosso; glisi accosti il
fuoco, non si risente. Un ferro infuocato
non vale a trarne un segno di vita, è tenuto morto: è egli morto? nò. Costui è
un altro prete di Calamo. „ Qui quando
„ ei placebat, ad imitatas lamentantis ho-
„ minis voces, ità se aufferebat à sensi-
„ bus & jacebat simillimus mortuo, ut non
„ solùm vellicantes atque pungentes mini-
„ mè sentiret, sed aliquandò etiam igne
„ ureretur admoto, sine ullo doloris sen-
„ su, nisi postmodum ex vulnere.” S.
Aug. Cit. de Dieu. Liv. 14. ch. 24. Se
certuni a' dì nostri in un tal soggettaccio
si fossero imbattuti, n'avrebbono ricavato
grandissimo frutto. Ci si sarebbe fatto
vedere un cadavero tornar in vita sulla
tomba di un predestinato. La raccolta
fatta da un Magistrato Giansenista sarebbe stata accresciuta di una risuscitazione,

n'as befoin pour me terraffer que d'un Syllogifme? quoi donc, te feroit-il plus facile de redreffer un boiteux que de m'éclairer?

LI.

Un homme eft étendu fur la terre fans fentiment, fans voix, fans chaleur, fans mouvement. On le tourne, on le retourne, on l'agite, le feu lui eft appliqué, rien ne l'émeut: le fer chaud n'en peut arracher un fymptôme de vie; on le croit mort: l'eft-il? non. C'eft le pendant du Prêtre de Calame. „ *Qui quando ei pla-* „ *cebat, ad imitatas lamentantis hominis* „ *voces, ita fe auferebat a fenfibus, &* „ *jacebat fimillimus mortuo, ut non folum* „ *vellicantes atque pungentes minime fen-* „ *tiret, fed aliquandò etiam igne ureretur* „ *admoto, fine ullo doloris fenfu, nifi poft-* „ *modum ex vulnere.*" - S. Aug. Cit. de Dieu. Liv. 14. ch. 24. Si certaines gens avoient rencontré de nos jours un pareil fujet, ils en auroient tiré bon parti. On nous auroit fait voir un cadavre fe ranimer fur la cendre d'un prédeftiné: le recueil du Magiftrat Janfenifte fe feroit enflé d'une refurrection, & le Conftitu-

e terrebbesi vinto forse il Constituzionario.

LII.

Confessar conviene, dice il logico di Porto-Reale, che Sant' Agostino fondatamente con Platone sostenne, il giudizio della verità e la regola per discernere·non appartenere a' sensi, ma alla mente: non est veritatis judicium in sensibus. *E anche non dilatarsi gran fatto quella certezza che da' sensi trar si può, esservi molte cose che talun crede sapere col lor mezzo, delle quali pure non può appieno certificarsi. Qualora dunque la testimonianza de' sensi contraddice o non contrappesa l'autorità della ragione non resta più luogo a esitare; forza è starsene al dettame della ragione giusta le leggi della logica.*

LIII.

Suona d'applausi un sobborgo; quivi la cenere di un predestinato più prodigj opera in un giorno di quel che ne facesse Gesù Cristo durante la sua vita. Tutti vi corrono, tutti vi si affoltano, vengo anch'io dietro alla calca. Appena giunto mi vien

tionaire se tiendroit peut-être pour confondu.

LII.

Il faut avouer, dit le logicien de Port-Royal, que St. Augustin a eu raison de soutenir avec Platon que le jugement de la vérité & la regle pour discerner n'appartiennent pas aux sens, mais à l'esprit: *non est veritatis judicium in sensibus.* Et même que cette certitude que l'on peut tirer des sens ne s'étend pas bien loin, & qu'il y a plusieurs choses que l'on croit savoir par leur entremise, & dont on n'a point une pleine assurance. Lors donc que le témoignage des sens contredit, ou ne contre-balance point l'autorité de la raison, il n'y a pas à opter: en bonne logique, c'est à la raison qu'il faut s'en tenir.

LIII.

Un fauxbourg retentit d'acclamations: la cendre d'un prédestiné y fait en un jour plus de prodiges que Jesus-Christ n'en fit en toute sa vie. On y court; on s'y porte; j'y suis la foule. J'arrive à peine que j'entends crier miracle! miracle! j'appro-

udito gridare *Miracolo! Miracolo! fommi vicino, guardo e veggo un zoppettino, il quale coll' aiuto di tre o quattro perfone pietofe che gli fanno fpalla, va paffeggiando, e il popolo che ne ftrabilifce, torna a gridar, Miracolo! Miracolo! ma dov'è il miracolo, Popolo alocco? non vedi tu già che quel furbaccio non ha fatto altro che cangiar ftampelle. Seguiva in quefto cafo circa a' miracoli quello ch' è feguito fempre riguardo a i folletti. Io giurerei che tutti colore che veduto anno folletti li temeffero innanzi tratto, e che tutti quelli che colà vedevano miracoli, a vederne prima foffero del tutto rifoluti.*

LIV.

Abbiamo tutta via una copiofa raccolta di quefti pretefi miracoli da opporre all' incredulità anche la più oftinata. Fu l'autore un fenatore, un uomo confiderato, il quale profeffava un materialifmo, a vero dire, malamente intefo, ma che non faceva punto capitale fopra la fua converfione per profperar le cofe fue. Teftimonio oculato di quanto egli racconta, del quale potè far giudizio con animo lontano da ogni preoccupazione, e da mira qualfiffia d'utilità;

da

che, je regarde, & je vois un petit boiteux qui se promene à l'aide de trois ou
quatre personnes charitables qui le sou-
tiennent, & le peuple qui s'en émerveille,
de répéter, Miracle! Miracle! où donc
est le Miracle, peuple imbécile? Ne vois-
tu pas que ce fourbe n'a fait que changer
de béquilles. Il en étoit dans cette occa-
sion des miracles, comme il en est toujours des esprits. Je jurerois bien que tous
ceux qui ont vu des esprits, les craignoient
d'avance & que tous ceux qui voyoient-
là des miracles, étoient bien résolus d'en
voir.

LIV.

Nous avons toutesfois de ces miracles
prétendus un vaste recueil qui peut braver
l'incredulité la plus déterminée. L'Auteur
est un Sénateur, un homme grave, qui
faisoit profession d'un matérialisme assez
mal entendu à la vérité; mais qui n'attendoit pas sa fortune de sa conversion: Témoin oculaire des faits qu'il raconte, &
dont il a pu juger sans prévention & sans
intérêt, son témoignage est accompagné
de mille autres. Tous disent qu'ils ont

da mille altre fiancheggiata viene la sua
testimonianza. Attestano tutti aver veduto, tutte le lor deposizioni sono in auten-
tica forma, gli strumenti originali di quelle conservansi negli archivj publici. Ora
che risponderete? risponderò essere questi
mirocoli prove di niun conto, sin che la
quistione de' suoi sentimenti resterà inde-
cisa.

LV.

Qualora un ragionamento fa a favore
delle due parti, egli diventa argomento di
niun valore così per l'una come per altra.
Se al pari della vera religione annovera
anche il fanatismo i suoi martiri, se fra
coloro che in sostenimento della vera religione morirono, vìsi ritrovarono fanatici,
o facciamo, il conto de' morti, se pur fia
possibile, e crediamo, o andiamo investi-
gando altri motivi di credibilità.

LVI.

Non è cosa che vaglia tanto a corrobo-
rare nell' irreligione quanto i falsi motivi
di conversione. Agl'increduli tutto dì di-
cesi: chi vi siete voi, a voler oppugnare

vu, & leur dépofition a toute l'autenticité poffible: les actes originaux en font confervés dans les archives publiques. Que repondre à cela? Que repondre? que ces miracles ne prouvent rien, tant que la queftion de fes fentiments ne fera pas décidée.

LV.

Tout raifonnement qui prouve pour deux partis, ne prouve ni pour l'un ni pour l'autre. Si le fanatifme a fes Martyrs, ainfi que la vraie religion, & fi entre ceux qui font morts pour la vraie religion, il y a eu des fanatiques: ou comptons, fi nous le pouvons, le nombre des morts, & croyons; ou cherchons d'autres motifs de crédibilité.

LVI.

Rien n'eft plus capable d'affermir dans l'irréligion, que de faux motifs de converfion. On dit tous les jours à des incrédules: qui êtes-vous pour attaquer une

una religione da i Paoli, da i Tertulliani, da gli Atanasi, da i Crisostomi, da gli Agostini, da i Cipriani e da tant'altri personnagi illustri così animosamente difesa? accorto vi sarete senza dubbio di qualche difficoltà laquale scappò a quegl'ingni sublime: fateci adunque vedere essere voi più dotto di loro, o se in contrario confessercte essere stati eglino superiori a voi in dottrina, dovrete alle lor decisioni i vostri dubbj sottomettere. Falsa conseguenza. Da' lumi de' Ministri di una religione non si può arguire la verità di quella. Quando mai videsi un culto assurdo più di quello degli Egizi, eppure quando mai viderfi ministri di più lumi?.... Nò, non fia mai ch'io m'induca a porgere le mie adorazioni ad una cipolla. Qual è la prerogativa a lei conceduta a preferenza degli altri legumi? Avvilirmi col venerare esseri destinati pel miu nutricamento? Sarei un matto da catene. Bella Divinità davvero! una pianta laquale inaffio, laquale cresce e muore nell' orto mio!..... ,, Taci, empio, raccapricciar ,, mi fanno le tue bestemmie. Appunto a te ,, tocca a far del faccente. Ne sai tu in ,, queste cose più di quel che sa il Sacro Col- ,, legio?" Chi sei tu a voler provocare i

religion que les Paul, les Tertullien, les
Athanafe, les Chrifoftôme, les Auguf-
tin, les Cyprien, & tant d'autres illuftres
perfonnages ont fi courageufement défen-
due? Vous avez fans doute apperçu quelque difficulté qui avoit échappé à ces génies fupérieurs: montrez - nous donc que
vous en fçavez plus qu'eux, ou facrifiez
vos doutes à leurs décifions, fi vous convenez qu'ils en fçavoient plus que vous:
raifonnement frivole. Les lumieres des miniftres ne font point une preuve de la vérité d'une religion. Quel culte plus ab-
furde que celui des Egyptiens, & quels
miniftres plus éclairés?..... Non je ne
peux adorer cet oignon. Quel privilege
a-t'il fur les autres légumes? Je ferois
bien - fou de proftituer mon hommage à
des Etres deftinés à ma nourriture. La
plaifante Divinité qu'une plante que j'arro-
fe, qui croît & meurt dans mon pota-
ger!..... „ Tais - toi, miférable, tes
„ blafphêmes me font frémir: c'eft bien
„ à toi à raifonner: en fçais-tu là - deffus
„ plus que le Sacré Collége?" Qui es - tu
pour attaquer tes Dieux, & donner des
leçons de fageffe à leurs Miniftres? es - tu
plus éclairé que ces oracles que l'univers
entier vient interroger? quelque foit ta

tuoi Dei, e dar lezioni di Sapienza a' lor ministri? sei tu illuminato più di questi oracoli, a consultare i quali il mondo intiero viene? qualunque sia la tua risposta, ammirerò o la tua arroganza o la tua temerità..... Non verrano mai i Christiani in chiara cognizione di quanto vagliono colle lor forze? nè lascieranno essi que' sgraziati sofismi a chi altro refugio non ha che questi? Omittamus ista communia quæ ex utrâque parte dici possunt, quanquàm verè ex utrâque parte dici non possint. *Sant' Agost.* L'esempio, i prodigj e la prepotenza formano i corrivi e i baccetoni, forma i credenti la ragione sola.

LVII.

Quanto importi a difesa di un culto palpabili ragioni adoperar, tutti ne sono d'accordo; e tuttavia inclinano a suscitar persecuzioni contro di quelli che a screditar le ragioni invalide s'affaticano. Non basta forse di essere cristiano? richiedesi ancora forse di esserlo in virtù di poco fondate ragioni? Divoti, mi piace che ne siate avvisati, io non son Cristiano perchè fu Cristiano Sant' Agostino, ma perchè la ragione consente ch'io il sia.

réponſe, j'admirerai ton orgueil ou ta témérité..... Les Chrétiens ne ſentiront-
ils jamais toute leur force? & n'abandon-
neront-ils point ces malheureux ſophiſmes
à ceux dont ils ſont l'unique reſſource.
*Omittamus iſta communia quæ ex utrâque
parte dici poſſunt, quanquàm verè ex utrâque parte dici non poſſint.* S. Aug. L'exemple, les prodiges & l'autorité peuvent faire des dupes ou des hypocrites; la raiſon
ſeule fait des croyants.

LVII.

On convient qu'il eſt de la derniere importance de n'employer à la défenſe d'un
culte que des raiſons ſolides; cependant
on perſecuteroit volontiers ceux qui tra-
vaillent à décrier les mauvaiſes. Quoi donc?
N'eſt-ce pas aſſez que l'on ſoit chrétien?
faut-il encore l'être par de mauvaiſes raiſons? Dévots, je vous en avertis; je ne
ſuis pas chrétien parce que St. Auguſtin
l'étoit; mais je le ſuis parcequ'il eſt rai-
ſonnable de l'être.

LVIII.

A me noti sono i divoti; essi sono facili a spaventarsi. Se par loro il presente scritto contener cosa contraria alle loro idee, guai a me! che non lascieranno di caricarmi addosso un mondo di calunnie, siccome già con molti altri usarono, i quali erano da più di me assai. Quando pur sela passino con intitolarmi un Deista, uno scellerato, non avrò se non a congratularmi del discreto lor procedere. E buona prezza che dannarono Cartesio, Montaigne, Lock e Baile, e vo persuadendomi che sono per dannarne molti altri. Sappiano a buon conto che non intendo già darmi il vanto di essere uomo più dabbene, ne Cristiano migliore che non furono i più di questi Filosofi. Io nacqui nelle chiesa Cattolica, Apostolica e Romana, e mi sottopongo a tutto mio potere alle sue decisioni. Fo proponimento di morire nella religione de' miei antenati, laquale credo ottima, in quanto credor può chi colla Divinità non trattò mai immediatamente, nè fu giammai testimonio di prodigio alcuno. Questa è la mia professione di fede: io son poco meno che certo che ne saranno mal contenti, con tutto chè fra loro uno non vi sia forse in grado di farne una di questa migliore.

LVIII.

Je connois les dévots: ils sont prompts à prendre l'allarme. S'ils jugent une fois que cet écrit contient quelque chose de contraire à leurs idées, je m'attends à toutes les calomnies qu'ils ont repandues sur le compte de mille gens qui valoient mieux que moi. Si je ne suis qu'un Déiste & qu'un scélérat, j'en serai quitte à bon marché. Il y a long-temps qu'ils ont damné Descartes, Montaigne, Lock & Bayle, & j'espére qu'ils en damneront bien d'autres. Je leur déclare cependant que je ne me pique d'être ni plus honnête homme, ni meilleur chrétien que la plûpart de ces Philosophes. Je suis né dans l'Eglise Catholique, Apostolique & Romaine, & je me soumets de toute ma force à ses décisions. Je veux mourir dans la religion de mes peres, & je la crois bonne autant qu'il est possible à quiconque n'a jamais eu de commerce immédiat avec la Divinité, & qui n'a jamais été témoin d'aucun miracle. Voila ma profession de foi: je suis presque sûr qu'ils en seront mécontents, bien qu'il n'y en ait peut-être pas un ent'eux qui soit en état d'en faire une meilleure.

LIX.

Jo ho letto più d'una volta Abbadio, Huet e gli altri. Delle prove della mia religione ho baftante contezza, nè voglio negare che non fieno forti, ma fupponendole cento volte più forti di quel che fono, il Criftianefimo per quefto non farebbe encora dimoftrato. Perchè voler da me. adunque ch'io creda effere in Dio tre perfone con quanta ferma fede credo i tre angoli d'un triangolo effere a due dritti uguali. Qualunque prova in me generar debbe una certezza al fuo grado di forza proporzionale, ed anno le Geometriche, le fifiche e le Morali dimoftrazioni a muover l'animo mio in diverfa guifa; altrimenti frivola farebbe quefta diftinzione.

LX.

Voi porgete a un incredulo un volume di fcritti, la cui divinità intendete dimoftrargli, ma prima di metter al vaglio le voftre prove; non lafcirà d'interrogarvi in ordine a quefta raccolta. E ftata ella fempre la fteffa, dimanderà egli? perchè ritrovafi adeffo meno copiofa che non era alcuni fecoli fono? Con qual ragione fi ha dato il

LIX.

J'ai lu quelquefois Abbadie, Huet & les autres; je connois fuffifamment les preuves de ma religion, & je conviens qu'elles font grandes; mais le feroient-elles cent fois davantage, le Chriftianifme ne feroit point encore démontré. Pourquoi donc exiger de moi que je croye qu'il y a trois perfonnes en Dieu, auffi fermement que je crois que les trois angles d'un triangle font égaux à deux droits. Toute preuve doit produire en moi une certitude proportionnée à fon dégré de force; & l'action des démonftrations Géométriques, Morales & Phyfiques fur mon efprit doit être différente, ou cette diftinction eft frivole.

LX.

Vous préfentez à un incrédule un volume d'écrits, dont vous prétendez lui démontrer la divinité. Mais avant que d'entrer dans l'examen de vos preuves, il ne manquera pas de vous queftionner fur cette collection. A-t'elle toujours été la même, vous demandera-t'il? pourquoi eft-elle à préfent moins ample qu'elle ne l'étoit il y

bando a tale e tale opera, alla quale altra
setta porta riverenza? Con qual ragione si
è conservata tale e tale altra opera repudiata
da questa? Su che fondate la preferenza da
voi data a questo manoscritto? Chi fu la
vostra guida nel far cotesta vostra elezione
fra copie così diverse, le quali mostrano ad
evidenza questi Autori Sacri non essere stati
tramandati a voi nella lor purità originale
e primitiva? Ma se già, siccome vi conviene confessarlo, dall' imperizia de' Copisti
o dalla malignità degli Eretici furono adul-
terate, prima di provarne la divinità, fare-
te necessitati a ritornarle nello stato lor primiero; perchè della vostre prove non ne tocca nulla a questi scritti tronchi ed imperfetti, nè sopra quelli ho a fondare la mia credenza. Ora a chi di questa riforma l'assun-
to darete? Alla Chiesa? ma non posso aver
per infallibile la chiesa se non quando la
divinità delle scitture provata mi verrà.
Adunque eccomi scettico per forza.

A questa difficoltà altrimenti non si risponde se non confessando, essere i primi fon-
damenti della fede meramente umani, e col
dire che la scelta fra i manoscritti, il risto-
ramento de' passi, in somma che la raccolta
sia stata fatta secondo le regole d'una sana

a quelques fiecles? de quel droit en a-t'on banni tel & tel ouvrage qu'une autre fecte révére, & confervé tel & tel autre qu'elle a rejeté? Sur quel fondement avez-vous donné la préférence à ce Manufcrit? Qui vous a dirigé dans le choix que vous avez fait entre tant de copies différentes, qui font des preuves évidentes que ces facrés Auteurs ne vous ont pas été tranfmis dans leur pureté originale & premiere? mais fi l'ignorance des copiftes ou la malice des hérétiques les a corrompus, comme il faut que vous en conveniez, vous voila forcés de les reftituer dans leur état naturel, avant que d'en prouver la divinité; car ce n'eft pas fur un recueil d'écrits mutilés que tomberont vos preuves, & que j'établirai ma croyance. Or qui chargerez-vous de cette reforme? l'Eglife? Mais je ne peux convenir de l'infaillibilité de l'Eglife, que la divinité des Ecritures ne me foit prouvée. Me voila donc dans un fcepticifme néceffité.

On ne répond à cette difficulté, qu'en avouant que les premiers fondements de la foi font purement humains; que le choix entre les manufcrits, que la reftitution des paffages, enfin que la collection s'eft faite par des regles de critique; & je ne refufe

critica, ed io pure non ricuſo alla divinità de' libri ſacri preſtar il grado di fede proporzionato alla certezza di queſte regole.

LXI.

Io inveſtigando le prove, ho inciampato nelle difficoltà. I libri che contengono i motivi del mio credere a un tratto mi porgono le ragioni del mio ſtar incredulo. Queſti ſono arſenali comuni Quivi contro l'Ateiſta ho veduto armarſi il Deiſta; il Deiſta e l'Ateiſta far battaglia contro il Giudeo; l'Ateiſta, il Deiſta, il Giudeo contro il Criſtiano confederarſi; il Criſtiano, il Giudeo, il Deiſta, l'Ateiſta venir alle mani col Maomettano; l'Ateiſta, il Deiſta, il Giudeo, il Maomettano e tutte le ſette del Criſtianeſimo ſcagliarſi addoſſo al Catolico, e lo ſcettico ſolo far fronte a tutti quanti. Io era il Guidice delle vicendevoli percoſſe; io teneva tra i combattitori la bilancia, le cui coppe ſollevavanſi o chinavanſi proporzionalmente a i peſi onde venivan gravate. Dopo un lungo oſcillare tracollò dalla banda del Cattolico, ma ſolo in forza del ſuo peſo traboccante ſulla reſiſtenza, della parte oppoſita. Mi ſono teſti-

point d'ajouter à la divinité des livres facrés un dégré de foi proportionné à la certitude de ces regles.

LXI.

C'eſt en cherchant des preuves, que j'ai trouvé des difficultés. Les livres qui contiennent les motifs de ma croyance, m'offrent en même temps les raiſons de l'incrédulité. Ce ſont des arſénaux communs. Là j'ai vu le Déiſte s'armer contre l'Athée; le Déiſte & l'Athée lutter contre le Juif; l'Athée, le Déiſte & le Juif ſe liguer contre le Chrétien; le Chrétien, le Juif, le Déiſte & l'Athée ſe mettre aux priſes avec le Muſulman; l'Athée, le Déiſte, le Juif, le Muſulman & la multitude des ſectes du Chriſtianiſme fondre ſur le chrétien, & le ſceptique ſeul contre tous. J'étois juge des coups. Je tenois la balance entre les combattants; ſes bras s'élévoient ou s'abbaiſſoient en raiſon des poids dont ils étoient chargés. Après de longues oſcillations elle pencha du côté du Chrétien, mais avec le ſeul excès de ſa péſanteur, ſur la réſiſtance du côté oppoſé. Je me ſuis témoin à moi - même de

monio a me stesso della mia rettitudine. Per me non istette che quell' eccesso di peso non mi sembrasse grandissimo. In testimonio chiamo iddio della mia sincerità.

LXII.

Da questa contrarietà d'opinioni anno i Deisti immaginato un argomento strano forse più che sodo. Volendo Cicerone provar essere i Romani i più bellicosi popoli della terra, con destrezza ne cava di bocca a' rivali loro la confessione. Galli, dice egli, a chi la cedete voi in valore, se pur la cedete ad alcuno? a' Romani. Parti, da voi in fuori, chi sono i più coraggiosi popoli? i Romani. Affricani, chi temereste voi, se si ritrovasse alcuno che vi facesse paura? i Romani. Ora dicono i Deisti, a imitazione di Cicerone, interroghiamo i seguaci de' diversi culti. Cinesi, qual religione tenete la migliore, se la vostra non è quella? la religione naturale. Maomettani, che culto abbracciereste se ripudiaste il Maomettanismo? il naturalismo. Cristiani, se la vostra non è la vera, qual sarà la vera religione? il Guidaismo. Ma voi, o Giudei, falso supponendo questo, qual sarebbe la religione
alla-

mon équité. Il n'a pas tenu à moi que cet excès ne m'ait paru fort grand, j'attefte Dieu de ma fincerité.

LXII.

Cette diverfité d'opinions a fait imaginer aux Déiftes un raifonnement plus fingulier peut-être que folide. Ciceron ayant à prouver que les Romains étoient les peuples les plus belliqueux de la terre, tire adroitement cet aveu de la bouche de leurs rivaux. Gaulois, à qui le cedez-vous en courage, fi vous le cedez à quelqu'un? aux Romains. Parthes, après vous, quels font les hommes les plus courageux? Les Romains. Africains, qui rèdouteriez vous, fi vous aviez à redouter quelqu'un? Les Romains. Interrogeons à fon exemple le refte des religionnaires, vous difent les Deiftes. Chinois, quelle réligion feroit la meilleure, fi ce n'étoit la vôtre? la réligion naturelle. Mufulmans, quel culte embrafferiez-vous, fi vous abjuriez Mahomet? Le Naturalifme. Chrétiens, quelle eft la vraie religion, fi ce n'eft la chrétienne? la religion des juifs. Mais vous,

H

allaquale v'appigliereſte? al naturaliſmo. Ora, aggiugne Cicerone, coloro a cui il ſecondo luogo viene unitamente conceduto, nè cedono ad alcuno il primo, eſſi ſono ſenza contraſto meritevoli del primo.

IL FINE.

Juifs, quelle eſt la vraie religion, ſi le ju-
daïſme eſt faux ? Le Naturaliſme. Or ceux,
continue Ciceron, à qui l'on accorde la
ſeconde place d'un conſentement unanime,
& qui ne cédent la premiere à perſonne,
méritent inconteſtablement celle-ci.

F I N.

COLLOQUIO

Tra un Filosofo e la Signora Duchessa di ***.

Opera Postuma di Tommaso Crudeli.

ENTRETIEN

*d'un Philosophe avec Madame la Du-
chesse de ***.*

Ouvrage Posthume de Thomas Crudeli.

AVVISO A CHI LEGGE.

Il Creduli notiſſimo per le ſue proſe e rime avea un modo di penſare libero ed ardito aſſai, nè andava celandolo, ſiccome le brighe dall' jnquiſizione date gli ne fanno manifeſta fede. Ha laſciato alcuni manoſcritti fra i quali il preſente colloquio è ſtato ritrovato. Crediamo non eſſere eſſo mai ſtato pubblicato per l'addietro, benchè alcuni ſoſtengano il contrario. L'abbiamo tradotto da una copia manchevoliſſima laquale ci è convenuto riſtorare in molti luoghi. Le interlocuzioni non eran ſeparate, talche ſpeſſe volte ſi correva riſchio di aſcrivere a uno degl' interlocutori quel ch'era dell' altro, e più ſpeſſo anchè da queſta traſcuratezza del copiſta ſeguiva che il teſto originale ne riuſciſſe quaſi del tutto inintilligibile. Preghiamo i Letterati della ſua nazione di ſcuſare la libertà preſa da noi di por mano all' opera d'uno ſcrittore per tanti riguardi meritevole della loro ſtima. Se ſiamo incorſi in alcuni errori, ci giova ſperare che ſaranno di poco momento. E

AVIS AU LECTEUR.

CRUDELI, fi connu par fes poëfies & par d'autres ouvrages, avoit une maniere de penfer fort libre, & fes affaires avec l'inquifition ne prouvent que trop qu'il ne la diffimuloit guere. Il a laiffé quelques manufcrits entre lefquels on a trouvé le dialogue fuivant. Nous doutons qu'il ait jamais été imprimé, quoique quelques perfonnes prétendent le contraire. Nous l'avons traduit d'après une copie manufcrite très-incorrecte qu'il a fallu reftituer en plufieurs endroits. Les interlocutions n'étoient point diftinguées : fouvent on étoit expofé à attribuer à un des perfonnages ce qui appartenoit à l'autre. Plus fouvent cette inattention du copifte rendoit le texte original prefque inintelligible. Nous demandons grace aux favants de fa nation pour la liberté que nous avons prife de toucher à l'ouvrage d'un auteur qui mérite fon eftime à de fi juftes titres. Si nous avons commis quelques erreurs nous ofons nous flatter qu'elles feront légeres. Il y a toute appa-

H 4

verisimile la Dama colla quale il poeta con-
versa essere la Gentildonna Veneta Paolina
Contarini cui ha dedicato alcune delle sue
odi. La naturalezza e l'ingenuità di questo colloquio non ne lascia trasparire il profondo. Sarebbe da desiderare che le mate-
rie d'importanza venissero trattate sempre
colla stessa imparzialità e collo stesso animo
tollerante. Il filosofo non ha un pensiero
al mondo di tirar dalla sua la Dama, e
questa dal canto suo ode le ragioni del filosofo senza punto alterarsi, e dipartonsi l'u-
no dall' altro con sentimenti scambievoli
d'amorevolezza e di stima. Nel tradurre
questo colloquio ci pareva essere presenti al
conversar loro; ci lusinghiamo che il leggi-
tore proverà lo stesso piacere.

rence que la Dame avec laquelle le Poëte s'entretient, eſt la Signora Paolina Contarini, Venitienne, à laquelle il a dedié quelques-unes de ſes odes. Ce dialogue n'eſt pas ſans profondeur, mais elle y eſt partout derobée par la naïveté & la ſimplicité du diſcours. Il ſeroit à ſouhaiter que les matieres importantes ſe traitaſſent toujours avec la même impartialité & dans le même eſprit de tolérance. Le Philoſophe ne prétend point amener la Dame à ſes opinions, & celle-ci de ſon côté écoute ſes raiſons ſans humeur, & ils ſe ſéparent l'un de l'autre en s'aimant & en s'eſtimant. En traduiſant ce dialogue il nous paroiſſoit aſſiſter véritablement à leur converſation, nous eſpérons qu'on en éprouvera le même effet à la lecture.

COLLOQUIO.

AVENDO *non so qual negozio a tratta-
re col signor Ducadi.*** una mattina mi
condussi da lui. Egli era fuori di casa.
Feci fare l'imbasciata alla signora Duchessa.
E costei una donna che incanta, è
bella è divota quanto un angelo; ella porta
la piacevolezza scolpita nel viso; ha un
suono di voce poi e un ingenuo favellar alla sua fisonomia molto confacevoli. Ella
stava acconciandosi allo specchio. Mi si
presenta una sedia d'appoggio, seggo ed en-
triamo in discorso. Da alcune mie proposi-
zioni onde restò edificata ed attonita, por-
tando opinione chi nega la santissima Trinità
essere uno scapestrato il quale la finisce da
essere impiccato, essa mi disse, non siete
voi il signor Crudeli? —— Signora sì.
—— Siete voi adunque che non credete nulla? —— appunto. —— Eppure la vostra
morale mi par quella d'un credente. ——
Perchè nò, quando egli è uom dabbene ——
E cotesta vostra morale la mettete voi in
pratica? —— come meglio posso. —— Eh*

ENTRETIEN.

J'avois je ne fais quelle affaire à traiter
avec le Duc de ***. J'allai à fon hôtel un
matin; il étoit abfent. Je me fis annoncer
à Madame la Ducheffe. C'eft une femme
charmante; elle eft belle & dévote comme
un ange; elle à la douceur peinte fur fon
vifage; & puis un fon de voix & une naïveté de difcours tout-à-fait avenants à fa
phyfionomie. Elle étoit à fa toilette. On
m'approche un fauteuil, je m'affieds, &
nous caufons. Sur quelques propos de ma
part qui l'édifierent & qui la furprirent, car
elle étoit dans l'opinion que celui qui nie
la très-fainte Trinité eft un homme de fac
& de corde qui finira par être pendu, elle
me dit : N'êtes vous pas Monfieur Crudeli ? —— Oui, Madame. —— C'eft donc
vous qui ne croyez rien ? —— Moi-même.
—— Cependant votre morale eft d'un
croyant. —— Pourquoi non, quand il eft
honnête homme ? —— Et cette morale-là
vous la pratiquez ? —— De mon mieux.
—— Quoi ! vous ne volez point, vous ne

*che! non rubate, non depredate, non am-
mazzate? —— Molto di rado. —— Che
frutto ricavate voi non credendo? ——
Niuno. Ma, signora, si crede egli perchè
vi ha utile alcuno da ritrarne? —— Non
saprei, ma la mira d'un guadagno non
guasta niente per gli affari di questo nè
dell' altro mondo. Mene spiace alquanto
a contemplazione della povera umana generazione: non ne siamo migliori. Ma che,
voi non rubate? —— Nò da galant'uomo.
—— Se non siete nè ladro, nè assassino,
convien almeno concediate il vostro procedere non essere conseguente. —— Eh perchè? —— Perchè mi par che se non avessi
niente da sperare nè da temere doppo la
morte, vi sono coserelle ghiotte di cui non
vorrei rimanere priva mentre che vivo
quaggiù io il confesso, do in prestanza a
Dio a cento per uno. —— Velo pensate.
—— Non dico da burla, ma dal miglior
senno ch' io m'abbia. —— Si può sapere
quali sieno le cose che vi fareste lecite es-*

tuez point, vous ne pillez point? ——
Très-rarement. —— Que gagnez-vous donc
à ne pas croire? —— Rien du tout, Madame la Duchesse; est-ce qu'on croit parce qu'il y a quelque chose à gagner? ——
Je ne sais; mais la raison d'intérêt ne gâte
rien aux affaires de ce monde ni de l'autre.
J'en suis un peu fâchée pour notre pauvre
espece humaine : nous n'en valons pas
mieux. Mais quoi, vous ne volez point?
—— Non d'honneur. —— Si vous n'êtes
ni voleur, ni assassin, convenez du moins
que vous n'êtes pas conséquent. —— Pourquoi donc? —— C'est qu'il me semble
que si je n'avois rien à espérer ni à craindre quand je n'y serai plus, il y a bien de
petites douceurs dont je ne me priverois
pas à-présent que j'y suis. J'avoue que je
prête à Dieu à la petite semaine. ——Vous
l'imaginez. —— Ce n'est point une imagination, c'est un fait. —— Et pourroit-
on vous demander quelles sont ces choses
que vous vous permettriez, si vous étiez

fendo incredula? Bel bello, fignore, quefte
fon cofe da dirle al confeffore.——In quanto a me, do i miei capitali a entrate vitali-
zie. —— Quefto è un rifugio da pitocco.
—— Mi vorrefte ufuraio piuttofto? ——
Sì certo, con Dio puoffi dare a ufura quanto più fi vuole, non farà mai condotto al
verde; il procedere non è delicato, ve l'accordo, ma cofa importa? O per induftria
o per forza convien bufcarfi il cielo, quì
fta il punto: e cofì fi vuole metter a conto
ogni cofa, non lafciarfi ufcir di mano pro-
fitto qualfiffia. Facciamo pur quanto fap-
piamo e poffiamo, l'ufcita farà fempre molto fcarfa in confronto all' entrata che fpe-
riamo. E voi non ifperate nulla? ——
Nulla. —— Il cafo è dolorofo. Confeffa-
te adunque effere voi o molto perverfo o matto affai. —— Davvero, fignora, non mi
c'indurrò mai. —— Qual farà la ragione
fufficiente a ftimolar l'incredulo alle Vir-
tuofe operazioni, fe pur non è matto, vorrei faperla. —— Or ora vela dico.——

incredule? —— Non pas, s'il vous plait,
c'est un article de ma confeſſion. —— Pour
moi je mets à fond perdu. —— C'eſt la
reſſource des gueux. —— M'aimeriez-vous
mieux uſurier ? —— Mais oui ; on peut
faire l'uſure avec Dieu tant qu'on veut,
on ne le ruine pas. Je ſais bien que cela
n'eſt pas délicat, mais qu'importe? Comme le point eſt d'attraper le Ciel ou d'a-
dreſſe ou de force, il faut tout porter en
ligne de compte, ne négliger aucun profit.
Hélas ! nous aurons beau faire, notre miſe
ſera toujours bien mesquine en comparaiſon
de la rentrée que nous attendons. Et vous
n'attendez rien, vous ? —— Rien. ——
Cela eſt triſte. Convenez donc que vous
êtes bien méchant ou bien fou. —— En vérité, je ne ſaurois, madame la Ducheſſe. ——
Quel motif peut avoir un incrédule d'être
bon, s'il n'eſt pas fou? Je voudrois bien
le ſavoir. —— Et je vais vous le dire. ——
Vous m'obligerez. —— Ne penſez-vous
pas qu'on peut être ſi heureuſement né

Vene farò obbligata. —— *Non penfate voi che uno poffa effer nato cofì felicemente che rechifì a gran diletto di operar il bene?* —— *Lo credo.* —— *Che uno poffa aver avuto una educazione tanto eccellente che la natural propenfione alla beneficenza ne riceva maggior forza?* —— *ficuro.* —— *E che effendo in età più provetta la fperienza ci abbia fatti capaci che ad ogni modo, in grazia della propria felicità in quefto mondo, fìa meglio govèrnarfì da uomo dabbene che da briccone?* —— *Maifì; ma come fì può fare a effere uomo d'onore quando pravi principj accopiati alle paffioni tirano al male?* —— *Le azioni difcordano da i principj; è non è forfe quefta difcordanza cofa comunale?* —— *Oimè! dite pur troppo il vero, e quefta è una gran disgrazia. Credefì e tuttodì fì tiene vita quafìchè non fì credeffe.* —— *E anche non credendo fì vive a un dipreffo come fe fì credeffe.* —— *In buon' ora fìa; ma qual farebbe il danno procacciandofì una ragione*

di

qu'on trouve un grand plaifir à faire le bien?
—— Je le penfe. —— Qu'on peut avoir
reçu une excellente éducation qui fortifie
le penchant naturel à la bienfaifance? ——
Affurément. —— Et que dans un âge plus
avancé, l'experience nous ait convaincu
qu'à tout prendre il vaut mieux pour fon
bonheur dans ce monde être un honnête
homme qu'un coquin? —— Oui-da; mais
comment eft-on honnête homme lorfque
de mauvais principes fe joignent aux paffions pour entrainer au mal? —— On eft
inconféquent, & y a-t-il rien de plus
commun que d'être inconféquent? ——
Hélas! malheureufement non; on croit,
& tous les jours on fe conduit comme fi
l'on ne croyoit pas. —— Et fans croire,
l'on fe conduit à peu près comme fi l'on
croyoit. —— A la bonne heure; mais quel
inconvenient y auroit-il à avoir une raifon
de plus, la Religion, pour faire le bien,
& une raifon de moins, l'incrédulité, pour
mal faire? —— Aucun, fi la religion étoit

I

di più, la religione, per operar il bene, e
una ragione di meno, l'incredulità, per operar il male? —— Niuno, dove la religione
muovesse a far il bene, e l'incredulità stuz-
zicasse a far il male. —— Vi ha forse
dubbio alcuno intorno a questo? Non è egli
il genio della religione di contrapporsi di con-
tinuo a cotesta corrotta naturaccia, e quello
dell' incredulità di lasciarla in abbandono alla sua malignità col francarla dal timore?
—— Questo, Signora, sarebbe argomento
di lunga discussione. —— Che importa? il
signor Duca non è per tornare così presto, è
meglio discorrerla in sul sodo che offendere la
fama del prossimo. —— Sarà necessario farmi da lontano. —— Da quanto lontano più
vorrete, solo che vi capisca. —— Se non mi
comprendeste, la colpa sarebbe mia. ——
Vostra gentilezza. Ma convien che sappia-
te non aver io letto fuorchè le mie orazioni,
nè aver quasi atteso ad altro se non a prati-
care il vangelo e a far figliuoli. —— Voi
avete ottimamente adempiuto all' uno e all'

un motif de faire le bien, & l'incrédulité un
motif de faire le mal. —— Eſt-ce qu'il y
a quelque doute là deſſus? Eſt-ce que
l'eſprit de la religion n'eſt pas de contrarier
ſans ceſſe cette vilaine nature corrompue,
& celui de l'incrédulité de l'abandonner à
ſa malice en l'affranchiſſant de la crainte?
—— Ceci, Madame la Ducheſſe, va nous
jeter dans une longue diſcuſſion. ——
Qu'eſt-ce que cela fait? Le Duc ne ren-
trera pas ſitôt, & il vaut mieux que nous
parlions raiſon que de médire de notre prochain. —— Il faudra que je reprenne les
choſes d'un peu haut. —— De ſi haut que
vous voudrez, pourvu que je vous enten-
de. —— Si vous ne m'entendiez pas ce
feroit bien ma faute. —— Cela eſt poli;
mais il faut que vous ſachiez que je n'ai
jamais lu que mes heures, & que je ne me
ſuis guere occupée qu'à pratiquer l'Evangile & à faire des enfants. —— Ce ſont
deux devoirs dont vous vous êtes bien ac-
quittée? —— Oui, pour les enfants; vous

altro obbligo. —— *Sì in quanto a' figliuoli.
ne avete trovato sei starmi d'intorno e ifra
pochi giorni potreste vederne un setimo fra
le mio braccia.* Ma entrate in materia.——
*Signora, dassi egli in questo mondo un bene
che non si tiri dietro qualche sconcio?* ——
Niuno. —— E egli un male cui qualche
utile non faccia compagnia? —— *Niuno.*
—— *Cosa chiamate adunque male o bene?*
*il male sarà quello che porta seco più incon-
venienti che vantaggi, e per l'opposito, il
bene, quello che arreca molto comodo è poco danno.* —— *Si compiacerà Vossignoria
tener a mente cotesta sua definizione del
bene e del male?* —— *Non mene scorderò.
Voi chiamate questo una definizione?* ——
Certo. —— *Siamo dunque in filosofia?* ——
E nell' eccellente. —— Capperi! *io filoso-
fante.* —— Così vi tenete certa che nella
religione i vantaggi sono maggiori che gl'
inconvenienti, e per questo la stimate un
bene? —— *Sicuro.* —— *in quanto a me
non ho dubbio veruno che il vostro Mag-*

en avez trouvé fix autour de moi; & dans quelques jours, vous en pourriez voir un de plus fur mes genoux, mais commencez. — Madame la Ducheffe, y a-t-il quelque bien dans ce monde-ci qui foit fans inconvénient? —— Aucun. —— Et quelque mal qui foit fans avantage? —— Aucun. —— Qu'appellez-vous donc mal ou bien? —— Le mal, ce fera ce qui a plus d'inconvénients que d'avantages; & le bien au contraire ce qui a plus d'avantages que d'inconvénients. —— Madame la Ducheffe aura-t'elle la bonté de fe fouvenir de fa définition du bien & du mal? —— Je m'en fouviendrai. Vous appellez cela une définition? —— oui. —— C'eft donc de la philofophie? —— Excellente. —— Et j'ai fait de la philofophie! —— Ainfi vous êtes perfuadée que la religion a plus d'avantages que d'inconveniens, & c'eft pour cela que vous l'appellez un bien? —— Oui. —— Pour moi je ne doute point que

giordomo non *fia* per pelarvi meno la vigilia
di Pafqua *di* quel che facef̄e dopo le fef̄te,
e che di quando in quando la religione non
faccia argine a molti piccoli mali, e non
fia cagione di non pochi benuzzi. — *A*
quattrino a quattrino fi fa il fiorino. —
Ma penfate voi che le f̄tragi orribili ch'ella
ne' tempi addietro produf̄e ed è per produrre ne' tempi venturi, vengano da quef̄ti
magri, vantaggi fcontate? Confiderate
ch'ella cagionò, e ch'ella fomenta tuttavia
fra le nazioni l'antipatìa la più forte. Non
è un Mufulmanno che non vada figurandofi
ef̄ere azione accetta a Dio ed al Santo Pro-
feta lo f̄terminio di tutt' i Crif̄tiani, i quali
dal canto loro non fono, o poco manco, più
tolleranti di quelli. Confiderate ch'ella ha
cagionato, e ch'ella fa perpetue nella me-
defima contrada dif̄enzioni le quali fi
fpenfero di rado fenza fpargimento di
fangue. Delle quali la f̄toria nof̄tra
cene porge efempli pur troppo frefchi e
funef̄ti. Confiderate ch'ella ha cagionato e ch'ella va eternando nella focietà tra

votre intendant ne vous vole un peu moins
la veille de Pâques que le lendemain des
fêtes, & que de temps en temps la religion
n'empêche nombre de petits maux & ne
produise nombre de petits biens. —— Petit
à petit cela fait somme. —— Mais croyez-
vous que les terribles ravages qu'elle a
causés dans les temps passés, & qu'elle cau-
sera dans les temps à venir, soient suffisam-
ment compensés par ces guenilleux avanta-
ges-là? Songez qu'elle a créé & qu'elle
perpétue la plus violente antipathie entre
les nations. Il n'y a pas un Musulman qui
n'imaginât faire une action agréable à Dieu
& au Saint Prophete, en exterminant tous
les Chrétiens, qui de leur côté ne sont
guere plus tolérants. Songez qu'elle a créé
& qu'elle perpétue dans une même contrée
des divisions qui se font rarement éteintes
sans effusion de sang. Notre histoire ne
nous en offre que de trop récens & trop
funestes exemples. Songez qu'elle a créé
& qu'elle perpétue dans la Société entre les

cittadino e cittadino, e nelle famiglie fra i congiunti acerrimi e coſtantiſſimi rancori. Diſſe Criſto ſe eſſere venuto per dividere il marito dalla moglie, la madre da' figliuoli, il fratello dalla ſorella, l'amico dall' amico, e coteſta ſua predizione ha avuto pur troppo il ſuo compimento. — Queſti appunto ſono gli abuſi, ma niente la coſa. —— E veramente la coſa ſe gli abuſi non ne vanno disgiunti. — E in qual modo proverete gli abuſi della religione non andare mai disgiunti dalla religione? —— Con pochiſſima fatica. Ditemi un poco, ſe un Miſantropo aveſſe diſegnato di render infelice l'umana generazione, coſa avrebbe potuto egli rinvenire più idonea della fede in un Ente incomprenſibile, circa il quale gli uomini ſarebbono ſtati ſempre all'oſcuro, e cui avrebbono ſempremai avuto maggior riguardo che alla propria vita? Ora ſi può egli ſeparare dalla nozione d'una divinità la più cupa incomprenſibilità e'l più gran riguardo? —— Dite bene. —— Alla concluſione

Citoyens, & dans les familles entre les pro-
ches, les haines les plus fortes & les plus
conftantes. Le Chrift a dit qu'il étoit venu pour féparer l'époux de la femme, la
mere de fes enfants, le frere de la fœur,
l'ami de l'ami, & fa prédiction ne s'eft que
trop fidellement accomplie. —— Voilà bien
les abus, mais ce n'eft pas la chofe. ——
C'eft la chofe, fi les abus en font infépara-
bles. — Et comment me montrerez-vous
que les abus de la religion font infépara-
bles de la religion? —— Très-aifément.
Dites-moi: fi un mifanthrope s'étoit pro-
pofé de faire le malheur du genre humain,
qu'auroit-il pu inventer de mieux que la
croyance en un Etre incompréhenfible, fur
lequel les hommes n'auroient jamais pu
s'entendre, & auquel ils auroient attaché
plus d'importance qu'à leur vie? Or eft-il
poffible de féparer de la notion d'une divinité l'incompréhenfibilité la plus profonde
& l'importance la plus grande? —— Non.
—— Concluez donc. —— Je conclus que

I 5

adunque. — Ne inferisco questa essere un' idea di qualche conseguenza nella testa de' matti. —— Aggiungete pure che i matti furono sempre e stanno per essere sempre il maggior numero; che tra loro i più pericolosi sono quelli dalla religione formati, de' quali i perturbatori della società sanno opportunamente prevalersi. — Ma si vuole cosa sufficiente a intimorire gli uomini intorno alle prave azioni che sottraggonsi dal rigore delle leggi. Ora distruggendo la religione, che altro potrete sostituirle? —— Quando non avessi altro a sostituirle, sarebbe però un pregiudizio terribile di tolto; Lascio stare che in tempo o nazione qualsivoglia i costumi nazionali non furono fondati mai in sulle opinioni religiose. Gli Dei cui porgevano adorazioni cotesti antichi Greci e Romani i più dabbene del mondo, erano la più sciagurata canaglia che fosse mai; un Giove da bruciarsi vivo vivo, una venere da cacciare in una casa di correzione, un Mercurio da mandarsi a basto-

c'eſt une idée qui n'eſt pas ſans conſéquen-
ce dans la tête des foux. —— Et ajoutez
que les foux ont toujours été & feront toujours le plus grand nombre, & que les
plus dangereux ce font ceux que la religion fait, & dont les perturbateurs de la
Société ſavent tirer bon parti dans l'occaſion. —— Mais il faut quelque choſe qui
effraye les hommes fur les mauvaiſes actions qui échappent à la ſéverité des loix;
& ſi vous détruiſez la religion, que lui ſub-
ſtituerez-vous? —— Quand je n'aurois rien
à mettre à la place, ce feroit toujours un
terrible préjugé de moins ; fans compter
que dans aucun fiecle & chez aucune nation les opinions religieuſes n'ont fervi de
baſe aux mœurs nationales. Les Dieux
qu'adoroient ces vieux Grecs & ces vieux
Romains, les plus honnêtes gens de la
terre, étoient la canaille la plus diſſolue ;
un Jupiter à brûler tout vif, une Venus à
enfermer à l'hôpital, un Mercure à mettre
à Bicêtre. —— Et vous penſez qu'il eſt

nar i pesci. —— E così vi date a credere
che o Cristiani o pagani che siamo sia tutt'
uno; che pagani non saremmo peggiori, che
Cristiani non siamo migliori? —— Ne rimango persuasissimo, salvo che saremmo un
po' più gioviali. — Questo non può essere.
—— Ma, Signora, si danno forse veri Cristiani? io a vita mia uon ne ho visti. ——
A me dite questo, a me? — Nol dico a
voi, ma lo dicevo a una mia vicina al par
di voi pia e discreta, laquale siccome velo
date ad intendere voi, così con ogni maggior sincerità riputavasi Cristiana. —— E
voi le faceste toccar col dito l'error suo?——
In un attimo. —— Qual modo teneste? —
Aprj un nuovo Testamento tutto logoro pel
quotidiano squadernare ch'ella ne faceva.
Le feci la lettura della predica fatta sulla
montagna, e accennandole gli articoli ad
uno ad uno, le domandava, fate voi questo? e questo, e questo lo fate? Passai oltre.
Essa è bella, e n'è consapevole quantunque
assai divota. Ha la pelle bianca come un

tout-à-fait indifférent que nous foyons chrétiens ou payens; que payens nous n'en vau-
drions pas moins, & que chrétiens nous
n'en valons pas mieux? —— Ma foi, j'en
fuis convaincu, à cela près que nous fe-
rions un peu plus gais. —— Cela ne fe
peut. —— Mais, Madame la Duchesse,
eft-ce qu'il y a des chrétiens? Je n'en ai
jamais vus. —— Et c'eft à moi que vous
dites cela, à moi? —— Non, Madame,
ce n'eft pas à vous; c'eft à une de mes
voifines qui eft honnête & pieufe comme
vous l'êtes, & qui fe croyoit chrétienne
de la meilleure foi du monde, comme vous
le croyez. —— Et vous lui fîtes voir qu'elle avoit tort? —— En un inftant. ——
Comment vous y prîtez-vous? —— J'ou-
vris un nouveau Teftament dont elle s'étoit
beaucoup fervie, car il étoit fort ufé. Je
lui lus le Sermon fur la montagne; & à
chaque article je lui demandai, faites-vous
cela, & cela donc, & cela encore? J'allai
plus loin. Elle eft belle, & quoiqu'elle

avorio, e benchè non tenga conto più che
tanto di cotesto frale pregio, pur non le spiace che sene faccia l'elogio. Ha il seno meglio modellato quanto altra mai, e ad onta
della sua modestia non ha discaro ch'altri se
n'accorga. —— Purchè non lo sappiano che
il marito ed ella. —— Mi giova pensare
che il marito n'abbia notizia più chiara di
qualunque altro; ma a una donna che pic-
casi di rigoroso Cristianesimo, questo non basta. Non ritrovasi, le dissi, scritto nel vangelo che chi desidera la moglie del prossimo,
commette adulterio nel suo cuore? —— Rispose di sì? —— Soggiunsi: e l'adulterio del
cuore non danna egli così certamente come
l'adulterio fatto in tutto in tutto? —— Ella
tornò a dire di sì? —— Continuai: Ma se
l'uomo va in perdizione per conto dell'adulterio del cuore, qual sarà il destino della donna
che invogli tutti coloro che se le accostano a
farsi colpevoli di questo delitto? A questa mia
ultima interrogazione rimase imbrogliata. ——
Ho capito; costei non ricopriva molto solleci-

foit très-dévote, elle ne l'ignore pas. Elle
a la peau très-blanche, & quoiqu'elle n'at-
tache pas un grand prix à ce frêle avantage, elle n'eft pas fâchée qu'on en faffe l'é-
loge. Elle a la gorge auffi bien qu'il foit
poffible de l'avoir, & quoiqu'elle foit très-
modefte, elle trouve bon qu'on s'en apper-
çoive. —— Pourvu qu'il n'y ait qu'elle &
fon mari qui le fachent. —— Je crois que
fon mari le fait mieux qu'un autre ; mais
pour une femme qui fe pique de grand
Chriftianifme, cela ne fuffit pas. Je lui
dis: n'eft-il pas écrit dans l'Evangile que
celui qui a convoité la femme de fon prochain a commis l'adultere dans fon cœur?
—— Elle vous répondit que oui? —— Je
lui dis: Et l'adultere commis dans le cœur
ne damne-t-il pas auffi fûrement qu'un adultere mieux conditionné? —— Elle vous
répondit encore qu'oui? —— Je lui dis:
Et fi l'homme eft damné pour l'adultere
qu'il a commis dans le cœur, quel fera le
fort de la femme qui invite tous ceux qui

tamente codesto petto bello quant'altro mai.
—— Egli è vero. Ella mi rispose, che
questa era l'usanza; come se non fosse molto
all'usanza intitolarsi Cristiano e non esserlo;
che non conveniva vestirsi in una foggia ri-
dicola; quasichè un ridicolo di niun rilievo
avesse che fare colla propria e l'altrui perdizione; che lasciavasi vestire a modo della sua
sarta, come se non fosse meglio provederfi
d'un' altra sarta che rinunziare alla sua religione; che tale era il capriccio del marito,
quasichè un marito delirasse sino a richiedere
che la moglie ponesse in dimenticanza la modestia ed ogni suo obbligo, quasichè una vera
Cristiana avesse a recarsi obbediente al marito insensato sino a far sacrificio della volontà
del suo Dio e a ridersi delle minacce del suo
redentore. —— Cotesti fanciulleschi ritrova-
ti io me gl'indovinava innanzi tratto, e con
questi anch'io mi sarei scusata forse come fece
la vicina vostra, ma in questo, tanto l'una
quanto l'altra saremmo state poco sincere. Ma
a qual partito s'appigliò ella doppo questa

bra-

l'approchent à commettre ce crime? Cette derniere queſtion l'embarraſſa. —— Je comprends; c'eſt qu'elle ne voiloit pas fort exactement cette gorge qu'elle avoit auſſi bien qu'il eſt poſſible de l'avoir. —— Il eſt vrai. Elle me répondit que c'étoit une choſe d'uſage; comme ſi rien n'étoit plus d'uſage que de s'appeller chrétien & de ne l'être pas; qu'il ne falloit pas ſe vêtir ridiculement, comme s'il y avoit quelque comparaiſon à faire entre un miſérable petit ridicule, ſa damnation éternelle & celle de ſon prochain; qu'elle ſe laiſſoit habiller par ſa couturiere; comme s'il ne valoit pas mieux changer de couturiere, que renoncer à ſa religion; que c'étoit la fantaiſie de ſon mari, comme ſi un époux étoit aſſez inſenſé d'exiger de ſa femme l'oubli de la décence & de ſes devoirs, & qu'une véritable chrétienne dût pouſſer l'obéiſſance pour un époux extravagant, juſqu'au ſacrifice de la volonté de ſon Dieu & au mépris des menaces de ſon rédempteur. —— Je

K

bravata? —— *Il dì doppo questo conversare,* ch'era giorno di festa, io andando su alla mia camera, m'abbattei nella mia bella e divota vicina, laquale scendeva per andar alla messa. —— *Altillata come al solito?* —— *Altillata come prima,* io sorrisi, ella sogghignò, passammo l'uno accanto all' altro senza far motto. Deh' signora, pensate! una donna onorata! una Cristiana! una divota! A dirla schietta, da questo esempio e da cento mila altri di simil fatta, concederò io avere la religione influenza reale sopra i costumi? Al certo ella sarà poco meno che nulla, e tanto meglio. —— *Come a dire,* tanto meglio! —— *Sì, signora; che se a* venti mila cittadini di Parigi venisse in pensiero di governarsi rigorosamente a tenor della predica fatta sulla montagna. —— *Oh via,* vi sarebbono alcuni belli petti con maggior diligenza velati. —— *Anzi, dite che tanta* sarebbe la copia de' matti che 'l magistrato cui tocca invigilare sopra i costumi non saprebbe che farne, imperocchè lo spedale de'

favois d'avance toutes ces puérilités-là ; je
vous les aurois peut-être dites comme votre voifine ; mais elle & moi nous aurions
été toutes deux de mauvaife foi. Mais quel
parti prit-elle d'après votre remontrance?
—— Le lendemain de cette converfation,
c'étoit un jour de fête, je remontois chez
moi, & ma dévote & belle voifine defcen-
doit de chez elle pour aller à la meffe. ——
Vêtue comme de coutume? —— Vêtué
comme de coutume. Je fouris, elle fou-
rit, & nous paffames l'un à côté de l'autre
fans nous parler. Madame la Ducheffe,
une honnête femme! une chrétienne! une
dévote! Après cet exemple & cent mille
autres de la même efpece, quelle influence
réelle puis-je accorder à la religion fur les
mœurs? Prefque aucune, & tant mieux. ——
Comment tant mieux! —— Oui, Mada-
me, s'il prenoit en fantaifie à vingt mille
habitants de Paris de conformer ftrictement
leur conduite au fermon fur la montagne....
—— Eh bien, il y auroit quelques belles

pazzi non farebbe capace affai per effi. Ne'
libri infpirati ritrovafi una doppia morale:
Univerfale l'una e commune a nazione a cul‑
to qualfiffia, laquale quafichè da tutti viene
abbracciata; l'altra peculiare a ciafcheduna
nazione, a ciafcun culto, a cui fi ha fede,
che viene predicata ne' tempj, commendata
nelle cafe, e a cui in verun patto niuno s'ap‑
piglia. —— D'onde procede quefta bizzar‑
ria? —— Dall' impoffibilità di foggettare
un popolo ad una regola confacevole fol tan‑
to ad alcuni malinconici ed appropiata da
effi al carattere loro. Succede delle religioni
quello appunto che fuccede delle fratesche of‑
fervanze, tutte quante rallentanfi in proceffo
di tempo: fciocche inftituzioni che non reg‑
gono all'impulfo affiduo della natura, laqua‑
le ci riconduce fotto la fua legge. Eh fate in
modo che l'utile privato al pubblico utile fia
cofì ftrettamente unito, che qualunque citta‑
dino non poffa appena danneggiare la focietà
fenza recar danno a fe fteffo; alla virtù af‑
fegnate il fuo premio ficcome alla fcellera‑

gorges plus couvertes. — Et tant de foux que le Lieutenant de Police ne fauroit qu'en faire, car nos petites maifons n'y fuffiroient pas. Il y a dans les livres infpirés deux morales: l'une générale & commune à toutes les nations, à tous les cultes, & qu'on fuit à peu près; une autre propre à chaque nation & à chaque culte, à laquelle on croit, qu'on prêche dans les temples, qu'on préconife dans les maifons & qu'on ne fuit point du tout. — Et d'où vient cette bizarrerie? — De ce qu'il eft impoffible d'affujetir un peuple à une regle qui ne convient qu'à quelques hommes mélancoliques qui l'ont calquée fur leur caractere. Il en eft des religions comme des inftitutions monaftiques qui toutes fe relâchent avec le temps. Ce font des folies qui ne peuvent tenir contre l'impulfion conftante de la nature, qui nous ramene fous fa loi. Et faites que le bien des particuliers foit fi étroitement lié avec le bien général, qu'un citoyen ne puiffe prefque pas

tezza riservato avete il suo castigo; che senza riguardo veruno a culto o a condizione qualsissia il merito sia scala ai più eminenti posti dello stato, e rendentevi certa che non vi saranno altri ribaldoni fuorchè alcuni pochi sospinti dalla prava loro natura ritrosa ad ogni correggimento.   *Credete a me, Signora, la tentazione è troppo vicina è l'inferno troppo lontano.*   *Non andate sperando che verun saggio legislatore si dia la briga di trar nulla da un sistema d'opinioni strane da fare specie a' soli fanciulli, il quale dall' agevolezza delle espiazioni inanimisce ai delitti, mandando il reo a chieder perdono a Dio del torto fatto all' uomo; che avvilisce l'ordine degli obblighi naturali e morali, sottoponendolo a un ordine di doveri chimerici.* —— *Non ci pesco nulla.* —— *Mi spiego; ma parmi udire il cocchio del Signor Duca che torna molto a tempo per far ch'io non dica uno sproposito.* — *Dite, dite su coteste vostro sproposito, non ci darò retta; che mi sono avvezzata a non udire se non quel che*

nuire à la fociété fans fe nuire à lui-même;
affurez à la vertu fa récompenfe, comme
vous avez affuré à la méchanceté fon châtiment; que fans aucune diftinction de culte,
dans quelque condition que le mérite fe
trouve, il conduife aux grandes places de
l'Etat; & ne comptez plus fur d'autres méchants que fur un petit nombre d'hommes
qu'une nature perverfe, que rien ne peut
corriger, entraîne au vice. Madame la Ducheffe, la tentation eft trop proche & l'En-
fer eft trop loin : n'attendez rien, qui vail-
le la peine qu'un fage Légiflateur s'en oc-
cupe, d'un fyftême d'opinions bizarres qui
n'en impofe qu'aux enfants; qui encoura-
ge au crime par la commodité des expia-
tions; qui envoye le coupable demander
pardon à Dieu de l'injure faite à l'homme,
& qui avilit l'ordre des devoirs naturels &
moraux, en le fubordonnant à un ordre
de devoirs chimériques. — Je ne vous
comprends pas. — Je m'explique; mais
il me femble que voila le le caroffe de Mr.

voglio. — *Mi feci vicino al suo orecchio,* e *le dissi piano piano, Signora Duchessa, al vostro piovano fate questo quesito: di questi due misfatti qual è il più atroce, pisciare in un vaso sacro, o lacerare la riputazione d'una donna onorata? Al primo si sentirà tutto raccapricciarsi, griderà oh sacrilegio! e la legge civile che a mala pena fa riconvenire il detrattore, quando pur ordina la pena del fuoco contra del sacrilego, fornirà di confondere le idee e di guastare gli spiriti.* — *Conosco donne assai che si recherebbero a mala coscienza mangiar grasso il venerdì, lequali però . . . . . mi stava anch'io per dire uno sproposito. Tirate innanzi. — Ma, Signora, è necessario ch'io parli al Signor Duca.* — *Ancora un altro poco, che poi anderemo insieme da esso. Non mi so troppo che rispondervi, e tutta via non mi persuadete.* — *Non è stato pensier mio il persuadervi. Accade della religione siccome del matrimonio. Il matrimonio per tant' altri disastroso, ha felicitato voi ed il Signor Du-*

le Duc qui rentre fort à propos pour m'em-
pêcher de dire un fottife. — Dites, dites
votre fottife, je ne l'entendrai pas; je me
fuis accoutumée à n'entendre que ce qu'il
me plait. — Je m'approchai de fon oreille, & je lui dis tout bas: Madame la Ducheffe, demandez au vicaire de votre paroif-
fe, de ces deux crimes, piffer dans un vafe
facré, ou noircir la reputation d'une femme
honnête, quel eft le plus atroce? Il fré-
mira d'horreur au prémier, criera au facrilege, & la loi civile qui prend à peine connoiffance de la calomnie, tandis qu'elle pu-
nit le facrilege par le feu, achevera de
brouiller les idées & de corrompre les efprits. — Je connois plus d'une femme qui
fe feroit un fcrupule de manger gras le
vendredi, & qui..... J'allois dire auffi ma
fottife. Continuez. — Mais, Mad., il
faut abfolument que je parle à M. le Duc.
— Encore un moment, & puis nous l'i-
rons voir enfemble. Je ne fais trop que
vous repondre, & cependant vous ne me

ca, bene sta che tutti e due vi siate maritati. La religione che ha prodotti, che produce ed è per produrre tanti disgraziati ha portato accrescimento alle virtù vostre, bene sta che non vogliate lasciarla. E una dolcezza per voi l'immaginare che vi sta al fianco e al di sopra un Ente grande e potente il quale vi rimira passeggiare sulla terra, questo pensier stabilisce i vostri passi. Seguite, Signora, a godere di cotesto mallevadore augusto delle vostre pensate, di cotesto spettatore, di cotesto sublime modello delle vostre azioni. — A quel che veggo non vi travaglia la smania del proselitismo. — Niente affatto. — Ciò aggiunge alla mia stima per voi. —— Per me non rimane che ciascuno se la pensi a suo modo, purchè mi sia lecito pensare al mio; non si vogliono poi tante instruzioni per quelli che sono abili a liberarsi da questi pregiudizj. — Pensate voi potere l'uomo star senza superstizioni? — Penso di nò mentre egli sarà ignorante e pauroso. —

perfuadez pas. — Je ne me fuis pas pro-
pofé de vous perfuader. Il en eft de la religion comme du mariage. Le mariage qui
fait le malheur de tant d'autres a fait votre
bonheur & celui de Mr. le Duc; vous avez
très-bien fait de vous marier tous deux. La
religion qui a fait, qui fait & qui fera tant
de méchants, vous a rendue meilleure encore; vous faites bien de la garder. Il vous
eft doux d'imaginer à côté de vous, au-
deffus de votre tête un Etre grand & puif-
fant qui vous voit marcher fur la terre, &
cette idée affermit vos pas. Continuez,
Madame, à jouir de ce garant augufte de
vos penfées, de ce fpectateur, de ce mo-
dele fublime de vos actions. — Vous n'a-
vez pas, à ce que je vois, la manie du
profélytifme. — Aucunement. — Je vous
en eftime davantage. — Je permets à chacun de penfer à fa maniere, pourvu qu'on
me laiffe penfer à la mienne; & puis ceux
qui font faits pour fe délivrer de ces préjugés n'ont guere befoin qu'on les catéchife.

Stante questo fra superstizione e superstizione non vi fo differenza alcuna, e per me tanto è questa quanto qualunque altra. — Non sono di questa opinione. — Ditemi sinceramente, questo esser annichilato doppo la morte non vi ripugna niente? — Sarebbe di mio maggior contento la esistenza, ben ch'io non sappia perchè un Ente che m'ha renduto infelice senza ragione; non sene pigliasse trastullo una seconda volta —— Se malgrado questo inconveniente la speranza d'una vita ventura pare a voi consolativa e dolce perchè levarcela? —— Non vivo con questa speranza, perciochè il desiderio non fa ch'io non la riconosca vana, ma guardi ch'io volessi torla a chisissia. Se già si può creder possibile il vedere senza occhi, l'udire senza orecchie, il pensar senza capo, l'amar senza cuore, il sentire senza sensi, l'esistere e non ritrovarsi in luogo alcuno, l'esser qualche cosa senza estenzione e senza luogo, allora sì, accordo tutto. —— Ma di codesto mondo chi

— Croyez-vous que l'homme puiſſe ſe paſſer de la ſuperſtition? — Non tant qu'il
reſtera ignorant & peureux. — Eh bien,
ſuperſtition pour ſuperſtition, autant la nô-
tre qu'une autre. — Je ne le penſe pas.
— Parlez-moi vrai, ne vous repugne-t-il
point à n'être plus rien après votre mort?
— J'aimerois mieux exiſter, bien que je
ne ſache pas pourquoi un Etre qui a pu
me rendre malheureux ſans raiſon, ne s'en
amuſeroit pas deux fois. — Si, malgré cet
inconvénient, l'eſpoir d'une vie à venir
vous paroît conſolant & doux, pourquoi
nous l'arracher? — Je n'ai pas cet eſpoir,
parce que le deſir ne m'en a point donné
la vanité, mais je ne l'ôte à perſonne. Si
l'on peut croire qu'on verra quand on n'aura plus d'yeux; qu'on entendra quand on
n'aura plus d'oreilles; qu'on penſera quand
on n'aura plus de tête; qu'on aimera quand
on n'aura plus de cœur; qu'on ſentira quand
on n'aura plus de ſens; qu'on exiſtera quand
on ne ſera nulle part; qu'on ſera quelque

n'è stato il fattore? — *Il domando a voi.*
— *Dio.* — *E cosa è Dio?* — *Uno
spirito.* — *Se uno spirito è potente a
creare la materia, perchè la materia non
sarebbe sufficiente a creare uno spirito?* —
Oh perchè il creerebbe ella? — *Perchè
veggo ch'ella sta creandone ogni giorno.
Pensate voi le bestie essere provvedute di
anime?* — *Il penso certo.* — *Sapreste
dirmi, per esempio, cosa sia dell'anima della serpe, del Perù, mentre il corpo appic-
cato al cammino sta seccandosi ed affumi-
candosi uno o due anni successivi?* — *Vada dove ella più vuole, che ha ad importare a me?* — *Non vi farà noto forse che
cotesta serpe disseccata così ed affumicata
risorge e torna in vita.* — *Questo l'ho
per una favola bella e buona.* — *Eppure
un valente uomo, il Signor Bouguer, l'ac-
certa.* — *Cotesto valent'uomo vostro ha
detto una solenne bugia.* — *Se pur avesse
detto il vero?* — *Per trarmi d'impaccio
direi gli animali essere macchine.* — *E*

chofe fans étendue & fans lieu; j'y confens.
— Mais ce monde - ci qui eft - ce qui l'a
fait? — Je vous le demande. — C'eft
Dieu. — Et qu'eft-ce que Dieu? — Un
efprit. — Si un efprit fait de la matiere,
pourquoi de la matiere ne feroit-elle pas
un efprit? — Et pourquoi le feroit-elle?
— C'eft que je lui en vois faire tous les
jours. Croyez-vous que les bêtes ayent des
ames? — Certainement je le crois. — Et
pourriez-vous me dire ce que devient, par
exemple, l'ame du ferpent du Pérou pendant qu'il fe deffeche fufpendu dans une
cheminée & expofé à la fumée un ou deux
ans de fuite? — Qu'elle devienne ce qu'elle voudra, qu'eft-ce que cela me fait? —
C'eft que Madame la Ducheffe ne fait pas
que ce ferpent enfumé, deffeché, reffufcite
& renaît. — Je n'en crois rien. — C'eft
pourtant un habile homme, c'eft Bouguer
qui l'affure. — Votre habile homme a menti. — S'il avoit dit vrai? — J'en ferois
quitte pour croire que les animaux font

l'uomo che non è se non un animale più perfetto di un altro..... Ma il Signor Duca.
— *Con un' altra quistione mi sbrigo. Non vi dà molestia veruna questo vostro star incredulo? — Niuna. — Tuttavia se sbagliaste? — Quando ciò fosse. — In quel caso, vero sarebbe tutto ciò che voi tenete per falso, e così andereste a casa del Diavolo. Deh! caro Signor Crudeli, questa non è una baja, essere dannato, ardere durante un' eternità intera intera. Il termine è molto lungo. — Un Poeta Francese portava opinione che fossimo per assue farvici quanto il pesce all'acqua. — Sì, sì, ma cotesto vostro poeta in atto di morire diventò molto pensoso; a questo punto vi aspetto.*
— *Quando non avrò più il cervello meco, non preveggo già dove la cosa sarà per riuscire, ma avendo a terminar la vita per una di coteste malattie che all' agonizzante non tolgono l'intelletto, non sarò più turbato in quell'istante cui mi aspettate, di quel che sono ora che mi vi sto dinanzi. —*

Questa

des machines. —— Et l'homme qui n'est qu'un animal un peu plus parfait qu'un autre..... Mais Mr., le Duc. —— Encore une question & c'est la derniere. Etes-vous bien tranquille dans votre incrédulité? — On ne sauroit davantage. —— Pourtant si vous vous trompiez. —— Quand je me tromperois? — Tout ce que vous croyez faux seroit vrai, & vous seriez damné. Monsieur Crudeli, c'est une terrible chose que d'être damné; brûler toute une éternité, c'est bien long. —— La Fontaine croyoit que nous y serions comme le poisson dans l'eau. —— Oui, oui, mais votre La Fontaine devint bien sérieux au dernier moment, & c'est où je vous attends. —— Je ne reponds de rien quand ma tête n'y sera plus; mais si je finis par une de ces maladies qui laissent à l'homme agonisant toute sa raison, je ne serai pas plus troublé au moment où vous m'attendez qu'au moment où vous me voyez. —— Cette intrépidité me confond. —— J'en trouve bien davan-

L

Questa intrepidezza mi confonde. — *A me par che abbia ad esserne maggiormente fornito il moribondo il quale ha la fede di un giudice severo che va pesando fino i più reconditi pensieri, e nella cui bilancia l'uomo il più giusto sarebbe per esser rovinato dalla sua superbia, se egli non tremasse di ritrovarsi minor di peso: Se allora fosse nell'arbitrio di questo moribondo o l'esser annichilato, o il comparire davanti a questo tribunale, mi confonderebbe vieppiù la sua intrepidezza quando dubitasse di appigliarsi al primo partito, a meno che non fosse più insensato del compagno di San Brunone, o tronfio del suo merito più del Bohola.* — *Ho letto la storia del compagno di Brunone, ma non ho sentito a vita mia a parlare del vostro Bohola.* — *Costui fu un Gesuita del collegio di Pinsk in Lituania, il quale lasciò morendo uno scrigno pieno d'argento con una polizza distesa e soscritta di proprio pugno.* — *E il tenore di questa polizza?* — *Il tenor era tale:* „ *Prego*

tage au moribond qui croit en un juge fé-
vere qui pefe jufqu'à nos plus fecretes penfées, & dans la balance duquel l'homme le
plus jufte fe perdroit par fa vanité, s'il ne
trembloit de fe trouver trop léger; fi ce
moribond avoit alors à fon choix ou d'être
anéanti ou de fe préfenter à ce tribunal,
fon intrépidité me confondroit bien autre-
ment, s'il balançoit à prendre le premier
parti, à moins qu'il ne fut plus infenfé que
le compagnon de St. Bruno, ou plus ivre
de fon mérite que Bohola. — J'ai lu l'hiftoire de l'affocié de St. Bruno, mais je n'ai
jamais entendu parler de votre Bohola. —
C'eft un Jéfuite du College de Pinsk en
Lithuanie, qui laiffa en mourant une caffet-
te pleine d'argent avec un billet écrit &
figné de fa main. —— Et ce billet? ——
Etoit conçu en ces termes: „ Je prie mon
„ cher confrere dépofitaire de cette caffet-
„ te de l'ouvrir lorfque j'aurai fait des mi-
„ racles. L'argent qu'elle contient fervira
„ aux frais du procès de ma béatification,

„ il mio caro confratello depositario di
„ questo scrigno di farne l'apertura quando
„ avrò fatto miracoli. Col danaro che v'ha
„ dentro sarà provveduto alla spesa da far-
„ si pel processo della mia beatificazione.
„ Hovvi aggiunto alcuni documenti autenti-
„ ci a conferma delle mie virtù, i quali
„ non saranno di mediocre giovamento a
„ chi si torrà l'impresa di metter in carta
„ la mia vita". —— Questo è da far cre-
pare dalle risa. —— E da far ridere me
certo, ma voi, Signora, nò; che col vostro
Dio non si scherza. —— Avete ragione. —
Signora, il peccar gravemente contro la
vostra legge è cosa molto facile. —— Ne
resto d'accordo. —— La giustizia che deci-
derà della vostra sorte è rigorosa assai. ——
E vero. —— E se agli oracoli della vostra
religione avete a prestar fede intorno al
numero degli eletti, questo è non poco ris-
tretto. —— Adagio, di grazia, non sono
Gianfenista, la medaglia non la rimiro se
non pel suo verso confortativo; agli occhi

„ J'y ai ajouté quelques mémoires authen-
„ tiques pour la confirmation de mes ver-
„ tus, & qui pourront fervir utilement à
„ ceux qui entreprendront d'écrire ma vie".
—— Cela eſt à mourir de rire. —— Pour
moi, Madame la Ducheſſe, mais pour vous?
Votre Dieu n'entend pas raillerie. ——
Vous avez raiſon. —— Madame la Ducheffe, il eſt bien facile de pécher griévement
contre votre loi. —— J'en conviens. ——
La juſtice qui décidera de votre ſort eſt
bien rigoureuſe. —— Il eſt vrai. —— Et ſi
vous en croyez les oracles de votre religion
ſur le nombre des Elus, il eſt bien petit.
—— Oh! c'eſt que je ne ſuis pas Janſeniſte,
je ne vois la médaille que par ſon revers
conſolant; le ſang de Jéſus-Chriſt couvre
un grand eſpace à mes yeux, & il me ſem-
bleroit très-ſingulier que le Diable qui n'a
pas livré ſon fils à la mort, eut pourtant
la meilleure part. —— Damnez-vous Socrate, Phocion, Ariſtide, Caton, Trajan,

miei parasi un immenso spazio ricoperto del
sangue di Cristo, e se al Diavolo, che non
ha fatto il sacrificio del figliuolo, tuttavia
toccasso la miglior parte mi parrebbe la
strana cosa. — Dannate voi Socrate, Fo-
cione, Aristide, Catone, Trajano, Marco
Aurelio? — Oibò! sarebbe una bestiali-
tà il pensarlo. Dice San Paolo che ciascuno sarà giudicato secondo la legge di cui
avrà avuto cognizione, e San Paolo se l'in-
tende bene. — E su qual legge l'incredulo verrà egli giudicato? — Il caso è
alquanto diverso. Voi siete uno di questi
abitanti maladetti di Corozain e di Betsai-
da, i quali si stettero a occhi chiusi per non
rimirare la luce che feriva le lor pupille, e
stopparonsi gli orecchi per non udire la voce della verità che suonava lor d'intorno. —
Signora, vi so dire che uomini pari a cotesti Corazaini e Betsaidesi non ritrovaronsi
mai altrove, se già fu in mano lor il credere o il non credere. — Videro prodigj
che fatti in Tiro e in Sidone avrebbero rin-

Marc-Aurele? —— Fi donc! il n'y a que des bêtes féroces qui puissent le penser. Saint Paul dit que chacun sera jugé par la loi qu'il a connue, & Saint Paul a raison. —— Et par quelle loi l'incrédule sera t-il jugé? —— Votre cas est un peu différent. Vous êtes un de ces habitans maudits de Corozaïn & de Betzaïda qui fermerent leurs yeux à la lumiere qui les éclairoit, & qui étouperent leurs oreilles pour ne pas entendre la voix de la vérité qui leur parloit. — Madame la Duchesse, ces Corozaïnois & ces Betzaïdins furent des hommes comme il n'y en eut jamais que là, s'ils furent maîtres de croire ou de ne pas croire. —— Ils virent des prodiges qui auroient mis l'enchere aux sacs & à la cendre, s'ils avoient été faits à Tyr & à Sidon. — C'est que les habitans de Tyr & de Sidon étoient des gens d'esprit, & que ceux de Corozaïn & de Betzaïda n'étoient que des sots. Mais est-ce que celui qui fit les sots les punira

carato la cenere ed i Cilizj. —— *Il fatto*
sta che i Tirj ed i Sidonj erano uomini d'in-
gegno, ed i Corazaini e i Betsaidesi non
erano se non menchioni. Possibile che que-
gli che fece gli sciocchi sia per punirgli
dell'esser essi stati tali? io v'ho fatto
poc'anzi una storia, or mi vien talento di
dirvi una novella. —— Dite pure. ——
Un giovane Messicano...... ma il Signor
Duca? —— *Adesso adesso mando a saper*
se egli riceve, e così il vostro Messicano?
—— *Stanco dal travaglio, passeggiava un*
giorno lungo la riva del mare. Scorge una
tavola un capo dellaquale era nell' acqua,
e l'altra posava sul lido. Vifi pone a se-
dere, e colà scorrendo coll'occhio l'immenso
tratto che glisi parava davanti, entro se
prese a dire: Al certo rimbambisce l'avola
mia, col raccontarmi che certi popoli usciti
di non so dove, d'un paese di là da'nostri
mari, approdarono quà in non so qual tem-
po; io non veggo una stilla di senno in
questa sua narrazione, e quando vene scor-

pour avoir été fots? Je vous ai fait tout-à-l'heure une hiſtoire, & il me prend envie de vous faire un conte. Un jeune Mexicain...... Mais Mr. le Duc? — Je vais envoyer favoir s'il eſt viſible. Eh bien voₜre jeune Mexicain? — Las de fon travail, fe promenoit un jour au bord de la mer. Il voit une planche qui trempoit d'un bout dans les eaux, & qui de l'autre poſoit fur le rivage. Il s'affied fur cette planche, & là prolongeant ſes regards fur la vaſte étendue qui fe déployoit devant lui, il fe diſoit: Rien n'eſt plus vrai que ma grand' mere radote avec fon hiſtoire de je ne fais quels habitans qui dans je ne fais quel temps aborderent içi de je ne fais où, d'une conₜrée au delà de nos mers. Il n'y a pas le fens commun, ne vois-je pas la mer confiₙer avec le Ciel? Et puis-je croire conₜre le témoignage de mes fens une vielle fable dont on ignore la date, que chacun arrange à ſa maniere, & qui n'eſt qu'un tiſ-

L 5

geſſi, non veggo forſe il mar terminare col Cielo? Ho io a credere a diſpetto della teſtimonianza de' ſenſi miei un' antica favola la cui data non ſi ſa, ch'altri aggiuſta a modo ſuo, laquale non è fuorchè un teſſuto d'aſſurde particolarità per lequali cavanſi gliocchi e la fanno a coltellate? Mentre ragionava in queſta guiſa, l'acqua agitata l'andava dondolando ſopra la ſua tavola; s'addormentò.   In tanto ch'egli dorme, il vento creſce, il flutto ſolleva la tavola ſopra laquale giace, ed eccovi il noſtro giovane ragionatore bell' e imbarcato. —— O Dio! queſta è un'immagine vera della noſtra vita, ſiamo tutti ſedendo ſopra la tavola noſtra, il vento ſoffia, ed il flutto ci porta via. —— Era già molto diſcoſto dalla terra quando riſveglioſſi. Se altri ſi ſgomentò mai ritrovandoſi in alto mare, fu il noſtro Meſſicano. Ma ſenza dubbio vieppiù crebbe lo ſtupore, quando ſmarrito d'occhio il lido, lungo il quale dianzi paſſeggiava, il mare ſembrolli confinare col Cielo da

fu de circonftances abfurdes fur lefquelles
ils fe mangent le cœur & s'arrachent le
blanc des yeux ? Tandis qu'il raifonnoit
ainfi, les eaux agitées le berçoient fur fa
planche & il s'endormit. Pendant qu'il dort
le vent s'accroît, le flot fouleve la planche
fur laquelle il eft étendu , & voilà notre
jeune raifonneur embarqué. —— Hélas !
c'eft bien là notre image ; Nous fommes
chacun' fur notre planche, le vent fouffle
& le flot nous emporte. —— Il étoit déja
loin du continent lors qu'il s'éveilla. Qui
fut bien furpris de fe trouver en pleine
mer? Ce fut notre Mexicain. Qui le fut
bien davantage? Ce fut encore lui, lorf-
qu'ayant perdu de vue le rivage fur lequel
il fe promenoit il n'y a qu'un inftant, la
mer lui parut confiner avec le ciel de tous
côtés. Alors il foupçonna qu'il pourroit
bien s'être trompé, & que fi le vent reftoit
au même point , peut-être feroit-il porté
fur la rive & parmi ces habitants dont fa

*ogni banda. Allora entrò in sospetto di
qualche suo sbaglio, parendogli che conti-
nuando il vento a soffiare dalla medesima
parte, seguir potrebbe che fosse condotto a
quella riva e fra quegli abitanti di cui l'a-
vola sua gli avea parlato tante volte.* ——
E degli affanni suoi non mene dite niente.
—— *Non sene pigliò alcuno. Che ha ad
importare a me, disse egli fra se stesso,
purchè approdi? Ho ragionato da uomo in-
considerato, egli è vero, ma sono stato sincero meco stesso, non si può da me chieder
altro. Se l'esser dotato d'ingegno non è
una virtù, l'esserne sprovveduto non è un
delitto. Fra tanto il giovanotto colla sua
tavola sospinto da un vento assiduo andava
solcando il mare, e già comminciava ad
apparire la sconosciuta riva, sta per toc-
carvi, eccovelo giunto.* —— *Quivi un dì
ci rivedremo, caro Signor Crudeli.* —— **Lo
desidero, Signora, che in luogo qualsissia
sarammi sempre cosa gratissima il rasseg-
narvi il mio ossequio. Lasciata la tavola*

grand' mere l'avoit fi fouvent entretenu. —
Et de fon fouci vous ne m'en dites mot. —
Il n'en eut point. Il fe dit : Qu'eft-ce que
cela me fait pourvu que j'aborde ? J'ai
raifonné comme un étourdi, foit ; mais j'ai
été fincere avec moi-même, & c'eft tout
ce qu'on peut exiger de moi. Si ce n'eft
pas une vertu que d'avoir de l'efprit, ce
n'eft pas un crime que d'en manquer. Cependant le vent continuoit, l'homme & la
planche voguoient, & la rive inconnue
commençoit à paroître : il y touche & l'y
voila. —— Nous nous y reverrons un jour,
Monfieur Crudeli. —— Je le fouhaite, Madame la Ducheffe, en quelqu'endroit que
ce foit, je ferai toujours très-flatté de vous
faire ma cour. A peine eut-il quitté fa
planche & mis le pied fur le fable, qu'il
apperçut un viellard vénérable debout à fes
côtés. Il lui demanda où il étoit & à qui

e poſto appena il piede ſulla ſponda, gli
vien veduto un venerando vecchio ſtargl;ſi
a' fianchi. Il domandò del luogo dove ſi
ritrovava e della perſona cui aveva l'onor
di parlare. Io ſono il ſovrano del paeſe,
riſpoſe il vecchio. Voi negato avete la mia
eſiſtenza. —— E vero. —— E quella del
mio impero. —— E vero. —— Voglio aver-
vi per iſcuſato, perchè eſſendo io quegli che
va penetrando fin nelle viſcere de' cuori,
ho ſcoperto nell' interiore dell'anima voſtra
la ſincerità del voſtro procedere. Ma non
ho già rimirato lo ſteſſo candore nel rima-
nente de'voſtri penſamenti e delle azioni
voſtre. Allora il vecchio, che lo teneva
per l'orecchio, andava rammemorandogli
ad uno ad uno tutti i traſcorſi della ſua
vita, e a ciaſcun ricordo il giovane Meſſicano s'inchinava picchiandoſi il petto e chie-
dendo miſericordia. Or ſu, Signora, Veſti-
tevi de' panni del vecchio, e ditemi, che
modo avreſte tenuto? Avreſte voi acciuffa-
to queſto ſconſigliato giovane, e vi fareſte

il avoit l'honneur de parler. Je fuis le Souverain de la contrée, lui répondit le viellard. Vous avez nié mon exiftence. —— Il eft vrai. —— Et celle de mon empire. —— Il eft vrai. —— Je vous le pardonne, parce que je fuis celui qui voit le fond des cœurs, & que j'ai lu au fond du vôtre que vous étiez de bonne foi ; mais le refte de vos penfées & de vos actions n'eft pas également innocent, Alors le Viellard qui le tenoit par l'oreille lui rappelloit toutes les erreurs de fa vie, & à chaque article le jeune Mexicain s'inclinoit, fe frappoit la poitrine & demandoit pardon. Là, Madame la Ducheffe, mettez-vous pour un moment à la place du Viellard & dites-moi ce que vous auriez fait. Auriez-vous pris ce jeune infenfé par les cheveux, & vous feriez-vous complue à le traîner à toute éternité fur le rivage ? —— En vérité non.

voi compiaciuta a *ftrafcinarlo* lungo la *fpiaggia* durante un' eternità? —— *Nò in verità.* —— *Se uno di quefti fei figliuoli leggiadri che vi tenete involatofi dalla cafa paterna, e fatte mille bricconerie vifi reftituiffe pentito.* —— *Io gli correrei incontro, gli ftringerei le braccia al collo bagnandolo col mio pianto, ma il fuo fignor padre non fela pafferebbe forfe colle buone.* —— *Il Signor Duca non è una tigre.* —— *Se ne manca molto.* —— *Si farebbe pregar alcun poco forfe, ma in fine perdonerebbe.* —— *Certo.* —— *Maffime quando confideraffe effere ftato egli confapevole de' portamenti del fanciullo prima che gli deffe la vita, e quando rifletteffe che la pena delle colpe di effo non foffe per ridondare in beneficio alcuno nè di fe fteffo, nè del reo, nè de' fratelli di lui.* —— *Ma fra il vecchio ed il Signor Duca vi ha differenza.* — *Vorrefte dire il Signor Duca effere migliore del vecchio?* —— *Tolga iddio! voglio dire che fe la mia giuftizia non è quella del*

—— Si un de ces six jolis enfants que vous avez, après s'être échappé de la maison paternelle & avoir fait force sottises, y revenoit bien repentant? —— Moi, je courrois à sa rencontre, je le serrois entre mes bras & je l'arroserois de mes larmes; mais le Duc son pere ne prendroit pas la chose si doucement. —— M. le Duc n'est pas un tigre. —— Il s'en faut bien. —— Il se feroit peut-être un peu tirailler, mais il pardonneroit. —— Certainement. —— Surtout s'il venoit à considérer qu'avant de donner la naissance à cet enfant il en savoit toute la vie, & que le châtiment de ses fautes seroit sans aucune utilité ni pour luimême, ni pour le coupable, ni pour ses freres. —— Le Viellard & Monsieur le Duc sont deux. —— Vous voulez dire que M. le Duc est meilleur que le Viellard? —— Dieu m'en garde! Je veux dire que si ma

M

Signor Duca, può darsi che la giustizia del Duca non sia quella del vecchio. —— Deh! Signora, non vedete le consequenze d'una tal risposta. O la definizione generale della giustizia è convenevole parimente a voi, al Signor Duca, a me, al giovane Messicano ed al vecchio, o non mi so più cosa ella sia, nè so nemmeno cosa abbia a farsi per piacere o dispiacere a quest'ultimo. Avevamo ragionato fin qui quando ci venne detto che eravamo aspettati dal Signor Duca. Offersi la mano alla Signora Duchessa, laquale mi diceva, questo è da far dar la volta al cervello, non è egli vero? —— Oh perchè, quando uno l'ha sano e sodo. —— Ad ogni modo, volendo andar sul sicuro convien regolarsi come se il vecchio esistesse. —— Quando anche non vi si ha fede. —— Ed avendovi fede, non far capitale più del dovere della sua bontà. —— Se il procedere non è il più cortese, al meno egli è il più sicuro. —— A propo-

juſtice n'eſt pas celle du Duc, la juſtice du Duc pourroit bien n'être pas celle du Viel-lard. —— Ah! Madame, vous ne ſentez pas les ſuites de cette reponſe. Ou la dé-finition générale de la juſtice convient éga-lement à vous, à M. le Duc, à moi, au jeune Mexicain & au Viellard, ou je ne ſais plus ce que c'eſt, & j'ignore comment on plait ou l'on déplait à ce dernier. Nous en étions là, lorſqu'on nous avertit que le Duc nous attendoit, Je donnai la main à Madame la Ducheſſe qui me diſoit: C'eſt à faire tourner la tête, n'eſt-ce pas? —— Pourquoi donc quand on l'a bonne? —— Après tout, le plus court eſt de ſe condui-re comme ſi le Viellard exiſtoit. —— Mê-me quand on n'y croit pas. —— Et quand on y croit, de ne pas trop compter ſur ſa bonté. —— Si ce n'eſt pas le plus poli; c'eſt du moins le plus ſûr. —— A propos,

fito, se veniste richiesto dal magistrato de' principj vostri, li palesereste voi? —— Userei ogni diligenza per esentarlo da qualche azione atroce. —— Doh vedi! Dappoco. Ma ritrovandovi in termine di morte vi sottoponereste voi alle cerimonie della Chiesa? —— Non vi mancherei certo. —— Oibo! ah ippocrito marcio!

I L   F I N E.

fi vous aviez à rendre compte de vos principes à nos Magiftrats, les avoueriez-vous? —— Je ferois de mon mieux pour leur épargner une action atroce. —— Ah le lâche! Et fi vous étiez fur le point de mourir, vous foumettriez - vous aux cérémonies de l'Eglife? —— Je n'y manquerois pas. —— Fi! le vilain hypocrite!

F I N.

www.ingramcontent.com/pod-product-compliance
Lightning Source LLC
Chambersburg PA
CBHW072039090426
42733CB00032B/1996